A TEOLOGIA DAS RELIGIÕES EM FOCO

Coleção Iniciação Teológica

- *A dimensão socioestrutural do Reinado de Deus*
  Francisco de Aquino Júnior

- *A teologia das religiões em foco: um guia para visionários*
  Cláudio de Oliveira Ribeiro e Daniel Santos Souza

- *Bioética e pastoral da saúde*
  Francisco J. Alarcos

- *Ética teológica fundamental*
  Pe. João Aloysio Konzen

- *Imagem humana à semelhança de Deus: proposta de antropologia teológica*
  José Neivaldo de Souza

- *"Não extingais o Espírito" (1Ts 5,19): introdução à Pneumatologia*
  Victor Codina

- *O encontro com Jesus Cristo vivo*
  Alfonso Garcia Rubio

- *Teologia em curso: temas da fé cristã em foco*
  Cláudio de Oliveira Ribeiro

Claudio de Oliveira Ribeiro
Daniel Santos Souza

A TEOLOGIA DAS RELIGIÕES EM FOCO

Um guia para visionários

Dados Internacionais de Catalogação na Publicação (CIP)
(Câmara Brasileira do Livro, SP, Brasil)

Ribeiro, Cláudio de Oliveira
   A teologia das religiões em foco : um guia para visionários /
Cláudio de Oliveira Ribeiro e Daniel Santos Souza. – São Paulo :
Paulinas, 2012. – (Coleção iniciação teológica)

   Bibliografia.
   ISBN 978-85-356-3217-0

   1. Teologia das religiões (Teologia cristã)   I. Souza, Daniel
Santos.   II. Título.   III. Série.

12-06617   CDD-261.2

Índice para catálogo sistemático:
1. Teologia das religiões   261.2

Direção-geral:	*Bernadete Boff*
Editores responsáveis:	*Vera Ivanise Bombonatto*
	Afonso M. L. Soares
Copidesque:	*Amália Ursi*
Coordenação de revisão:	*Marina Mendonça*
Revisão:	*Sandra Sinzato*
Assistente de arte:	*Ana Karina Rodrigues Caetano*
Gerente de produção:	*Felício Calegaro Neto*
Capa e diagramação:	*Wilson Teodoro Garcia*

*Nenhuma parte desta obra poderá ser reproduzida
ou transmitida por qualquer forma e/ou quaisquer meios
(eletrônico ou mecânico, incluindo fotocópia e gravação)
ou arquivada em qualquer sistema ou banco de dados
sem permissão escrita da Editora. Direitos reservados.*

Paulinas

Rua Dona Inácia Uchoa, 62
04110-020 – São Paulo – SP (Brasil)
Tel.: (11) 2125-3500
http://www.paulinas.org.br – editora@paulinas.com.br
Telemarketing: 0800-7010081
© Pia Sociedade Filhas de São Paulo – São Paulo, 2012

SUMÁRIO

Introdução
ECUMENISMO, PLURALISMO E RELIGIÕES 9
Nossas intenções 12
Os caminhos escolhidos 14
Nossas pressuposições: a dimensão do plural 17

ABRINDO HORIZONTES

Julio de Santa Ana
TESTEMUNHO ECUMÊNICO 29
1. A importância pública das religiões 31
2. Fragmento 33

Hans Küng
VALOR DO HUMANO E DA ÉTICA SOCIAL 36
1. A verdadeira humanidade é pressuposto da verdadeira religião,
e uma verdadeira religião é o aperfeiçoamento de uma verdadeira
humanidade 38
2. Fragmento 40

Jürgen Moltmann
VISÃO TRINITÁRIA ABERTA 46
1. Por uma Teologia que vislumbre uma unidade aberta,
convidativa e integradora 48
2. Fragmento 50

Xabier Pikaza Ibarrondo
RELIGIÕES COMO CÓDIGOS DE COMUNICAÇÃO 55
1. A missão monoteísta de viver a fé em comunhão universal
e em comunicação humana 57
2. Fragmento 59

Paul Knitter
VISÃO DIALÓGICA 62
1. Substituição, complementação, mutualidade e aceitação:
modelos de interpretação das Teologias das Religiões 64
2. Fragmento 66

Claude Geffré 72
PLURALISMO RELIGIOSO COMO PARADIGMA TEOLÓGICO 72
1. Os critérios para um ecumenismo planetário 74
2. Fragmento 76

Andrés Torres Queiruga
TEOLOGIA NO ENCONTRO DAS RELIGIÕES 82
1. A autêntica identidade é forjada no diálogo 84
2. Fragmento 86

O DESAFIO DA QUESTÃO CRISTOLÓGICA

Mario de França Miranda
BUSCA DE CRITÉRIOS DE DISCERNIMENTO 91
1. O cristianismo em face das religiões 93
2. Fragmento 95

Roger Haight
PLURALISMO NORMATIVO 100
1. Jesus e as religiões mundiais 102
2. Fragmento 104

Jacques Dupuis
PLURALISMO INCLUSIVO 109
1. Um novo modo de se pensar a Teologia:
   por uma Cristologia reinocêntrica 111
2. Fragmento 113

John Hick 116
HIPÓTESE PLURALISTA 116
1. O arco-íris do Real 118
2. Fragmento 120

DIÁLOGO E MISSÃO

José Comblin
CRÍTICA AOS PROJETOS MISSIONÁRIOS DOMINADORES 125
1. As armas do império e o poder do diálogo das religiões 127
2. Fragmento 129

Wesley Ariarajah
REPENSAR A MISSÃO 134
1. Repensando a missão nos dias de hoje 136
2. Fragmento 138

Christine Lienemann-Perrin
ECUMENE COMO HORIZONTE DO ENCONTRO DE RELIGIÕES 143
1. A elaboração de "uma Teologia Pluralista da Missão" 145
2. Fragmento.. 147

Inderjit S. Bhogal
PLURALISMO E COTIDIANO 153
1. O compromisso missionário.. 155
2. Fragmento.. 157

INTERPELAÇÕES FUNDAMENTAIS

Diego Irarrazaval
TEOLOGIA INDÍGENA LATINO-AMERICANA 165
1. Os mitos e as narrativas indígenas na produção teológica................. 167
2. Fragmento.. 169

Padre Toninho
TEOLOGIA NEGRA 172
1. A contribuição da Teologia Negra da Libertação
para o debate do pluralismo religioso 174
2. Fragmento.. 176

Luiza Tomita
TEOLOGIA FEMINISTA E ECUMENISMO... 180
1. A contribuição da Teologia Feminista da Libertação
para o debate do pluralismo religioso 182
2. Fragmento.. 184

Afonso Soares
VALOR TEOLÓGICO DO SINCRETISMO RELIGIOSO 189
1. Por uma Teologia "entrefés" (Interfaith Theology)............................. 191
2. Fragmento.. 193

Aloysius Pieris
MAGISTÉRIO DOS POBRES E O DIÁLOGO INTER-RELIGIOSO............................... 198
1. A escuta do magistério dos pobres 200
2. Fragmento.. 202

Raimon Panikkar
CRÍTICA AO FORMALISMO TEOLÓGICO... 204
1. Por uma confessionalidade aberta e dialogal..................................... 206
2. Fragmento.. 208

POR UMA ESPIRITUALIDADE ECUMÊNICA

Michael Amaladoss
APELO PASTORAL AO DIÁLOGO 213
1. Religiões, diálogo e direitos humanos 215
2. Fragmento 217

Maria Clara Bingemer
MÍSTICA E ALTERIDADE 223
1. "Uma sacralidade para tempos difusos e confusos" 225
2. Fragmento 227

Faustino Teixeira
ENTUSIASMO PELA ESPIRITUALIDADE ECUMÊNICA 232
1. Partilha de vida, experiência de comunhão e conhecimento mútuo 234
2. Fragmento 236

José Maria Vigil
RELIGIÕES E REINO DE DEUS 239
1. A centralidade do Reino de Deus na reflexão teológica
e na prática pastoral 241
2. Fragmento 243

Marcelo Barros
POR UMA TEOLOGIA AFRO-LATÍNDIA DA LIBERTAÇÃO 248
1. A Teologia que nasce das culturas negras e indígenas 250
2. Fragmento 252

INDICAÇÕES BIBLIOGRÁFICAS 257

INTRODUÇÃO

ECUMENISMO, PLURALISMO E RELIGIÕES

> *– O que andas a fazer com um caderno,*
> *escreves o quê?*
> *– Nem sei, pai. Escrevo conforme vou sonhando.*
> *– E alguém vai ler isso?*
> *– Talvez.*
> *– É bom assim: ensinar alguém a sonhar.*
>
> *(Mia Couto, Terra sonâmbula,*
> *trecho da conversa entre Kindzu e seu pai)*

> *E acontecerá, depois, que derramarei o meu Espírito sobre toda a carne;*
> *vossos filhos e vossas filhas profetizarão, vossos velhos sonharão, e*
> *vossos jovens terão visões...*
>
> *(Livro do Profeta Joel, 2, 28)*

A Teologia das Religiões vem ganhando destaque no debate atual. As raízes dessa vertente teológica ganharam densidade ainda no século XIX quando os esforços missionários do mundo protestante na Ásia, na África e na América Latina, motivados pela Teologia Liberal, descortinaram as questões ecumênicas e, mesmo em meio às propostas verticalistas de missão, suscitaram oportunidades de diálogo inter-religioso, processos de aprendizagem e a fermentação de uma Teologia Ecumênica. Essas perspectivas, ainda que fragmentariamente, percorreram o século XX e desaguaram em fontes teológicas riquíssimas, como a de Paul Tillich (1886-1965), por exemplo. É dele o célebre texto "O significado da história das religiões para um teólogo sistemático", conferência realizada dias antes de seu falecimento e publicada em *The Future of Religions* (Harper & Row, Publisheres, New York, 1966).

No campo católico, sob os influxos dos ventos renovadores do Concílio Vaticano II (1962-1965), diversas experiências de diálogo inter-religioso e de reflexão teológica sobre os temas emergentes dessa aproximação se fortaleceram. Teólogos como Karl Rahner, Hans Küng, Yves Congar e Edward Schillebeeckx forjaram novas perspectivas teológicas que, décadas mais tarde, passaram a ser aprofundadas e revisadas. Há, desde os anos de 1990, um florescer de novas concepções teológicas oriundas das preocupações com o encontro e o desencontro do cristianismo com as demais religiões.

O século XXI, no tocante às questões da Teologia das Religiões, começou de forma paradigmática. As repercussões dos conflitos políticos e econômicos entre Oriente e Ocidente, simbolizados na destruição das "Torres Gêmeas" no dia 11 de setembro de 2001, fizeram por despertar ainda mais a consciência em relação à importância de uma Teologia das Religiões. Não se trata, aqui, de supervalorizar o papel e o lugar dos Estados Unidos, palco do referido evento, mas, de fato, com o ataque e os desdobramentos dele o tema das religiões ganhou evidência. Contraditoriamente, a dimensão ecumênica foi reforçada, uma vez que vários grupos e lideranças islâmicas do mundo inteiro, incluindo o Brasil, tiveram, por exemplo, espaços, tanto na mídia como em setores acadêmicos e eclesiais, para partilhar a fé e ressaltar que o islamismo é uma religião de paz. Tais repercussões deram maior densidade e visibilidade ao debate teológico e ecumênico.

Os desafios não pararam por aí. A perspectiva pluralista das religiões interpela fortemente o contexto teológico latino-americano, especialmente pela sua vocação libertadora e pelos desafios que advêm de sua composição cultural fortemente marcada por diferenças religiosas que se interpenetram nas mais diferentes formas. A Teologia Latino-Americana da Libertação, dentre os seus muitos desafios, tem elaborado uma consistente reflexão sobre os desafios do pluralismo religioso. O marco dessas reflexões foi a publicação de uma pequena obra, sob os auspícios da Associação dos Teólogos e Teólogas do Terceiro Mundo (ASETT), de vários autores com o sugestivo nome, que também dá título à coleção, *Pelos muitos caminhos de Deus:* desafios do pluralismo religioso à Teologia da Libertação (Goiás: Ed. Rede, 2003). Na sequência, foram publicadas outras quatro obras que, em certo sentido, aprofundam e ampliam as questões inicialmente levantadas. São elas: *Pluralismo e libertação:* por uma Teologia Latino-Americana Pluralista a partir da fé cristã (São Paulo: Loyola, 2005), *Teologia Latino-Americana Pluralista da Libertação* (São Paulo: Paulinas, 2006), *Teologia Pluralista Libertadora Intercontinental* (São Paulo: Paulinas, 2008) e *Por uma Teologia Planetária* (São Paulo: Paulinas, 2011). São vários os autores que se destacam nessa produção e nomearemos, por ora, somente José Maria Vigil, Marcelo Barros, Luiza Tomita, integrantes da Comissão Teológica da ASETT, que organizaram as referidas obras.

Nossas intenções

O material que ora apresentamos é um esforço de oferecer às pessoas e aos grupos sensibilizados com a causa ecumênica um "mapa" das principais questões em torno da Teologia das Religiões. Como o tema tem sido impactante, por vezes controverso e até mesmo conflitivo, consideramos que apresentar um leque de diferentes autores seria uma contribuição significativa e relevante. Não se trata de uma introdução à Teologia das Religiões. Mesmo porque já há em língua portuguesa obras que se dedicaram a isso, como a de Faustino Teixeira (*Teologia das Religiões:* uma visão panorâmica. São Paulo: Paulinas, 1995) e a de Paul Knitter (*Introdução à Teologia das Religiões.* São Paulo: Paulinas, 2008), entre outras. Nosso objetivo está em outra direção, cuja proposta procuramos elucidar com a expressão "guia", presente no subtítulo deste livro que apresentamos. Ou seja, no meio de tantas questões que surgem do debate teológico das e sobre as religiões, quais seriam os caminhos mais adequados para nos situarmos? Quais seriam as questões mais prementes e que nos tocam mais de perto, tendo em vista a diversidade de contextos eclesiais e acadêmicos em que cada pessoa ou grupo está envolvido? O que teólogos e teólogas cristãos, de diferentes confissões e partes do mundo, estão dizendo a respeito do tema?

Nosso foco é a produção teológica relativa ao tema das religiões que se encontra publicada em língua portuguesa. Reconhecemos que os(as) autores(as) apresentados(as), além de outros que não possuem divulgação no Brasil, possuem uma vasta e densa produção em outras línguas. Certamente, nomes como o de Wilfred Cantwell Smith, John Cobb, Gavin D'Costa e os de tradição pentecostal como Amos Yong e outros serão vistos como lacuna. No entanto, optamos por esse caminho para dar um caráter didático e prático ao texto, intuindo que ele possa ser útil para jovens pesquisadores, grupos eclesiais e pessoas interessadas na Teologia Ecumênica das Religiões. Pressupomos que há muitos grupos desejosos de compreender mais adequadamente o tema, e alguns até mesmo sofrem diante das posturas de caráter mais fundamentalista, tanto no contexto católico-romano como no das Igrejas evangélicas. Em geral, tais pessoas são inibidas de pensar a fé em uma nova perspectiva, com outros olhares e diferentes questões.

Por isso, reconhecemos o texto como um "guia para visionários". Poderíamos também vê-lo como um guia *dos* visionários e *das* visionárias; homens e mulheres de visão, que vivem no Espírito e que creem no futuro. Gente movida pelo *desejo* de um outro lugar, um outro mundo, aqui; e de um outro jeito de fazer Teologia, de interpretar a fé, de falar sobre os mistérios da vida. Visionários e visionárias desejosos(as) da recriação e interação nesta casa-comum, *oikoumene*, em que nossas fronteiras tornam-se espaços de encontro, partilha e novidade em "travessias e retornos".

A pesquisa que fizemos nasceu de uma conversa informal sobre a referida necessidade de abrirmos horizontes, um "guia", para pesquisadores(as) que se interessam em compreender um pouco mais da Teologia das Religiões e os seus desdobramentos, e também para quem se envolve em mobilizações populares e movimentos inter-religiosos. Ou seja, para quem, em algum momento, se viu ou se vê como "visionário(a)". A princípio, pensávamos apenas em selecionar fragmentos de textos de alguns teólogos, publicados em português, que tratam do tema da Teologia das Religiões e disponibilizá-los para outras pessoas. O número inicial de teólogos alterou-se fortemente na medida em que íamos lembrando as diversas contribuições que têm surgido em nosso meio. E a lista também deveria seguir a mesma lógica plural requerida pela Teologia Ecumênica... Um desafio enorme! Esse levantamento, que alcançou quase três dezenas de nomes, reúne personalidades do campo católico e protestante, homens e mulheres, latino-americanos e de outros continentes.

Os caminhos escolhidos

O percurso que fizemos foi o de folhear os livros em língua portuguesa que tratam teologicamente do tema das religiões. Após um formidável "passeio" por uma centena de obras, indicamos pequenos fragmentos que, uma vez lidos, pudessem dar uma visão panorâmica das questões que marcam o debate teológico em torno das religiões. Não é necessário dizer do prazer que esse caminho nos proporcionou... Mas delimitações precisariam ser feitas. Escolher é sempre difícil! Nossa proposição é de oferecer uma visão geral de cada livro ou artigo em que o fragmento escolhido está inserido. Assim, ele pode ser melhor compreendido. Não se trata de um resumo ou resenha, mas de um comentário sobre conteúdos presentes em cada obra que possam iluminar o pensamento dos autores e autoras em questão. Mas isso seria insuficiente, pois sabemos que as ideias, concepções e formulações desses(as) pensadores(as) não saíram do conforto de escritórios, mas sim da trajetória de vida, marcada por desafios, descobertas, aberturas para o diálogo, alegrias de vivências e convivências dialógicas, reconhecimento de limites e também por incompreensões, crises e até mesmo enfrentamentos jurídicos e virulentas oposições. Daí, nossa intenção de oferecer outro breve comentário sobre aspectos da vida e da obra de cada teólogo ou teóloga.

Apresentamos os autores e autoras em blocos que, embora não precisos, representam também a ideia de um "guia". Procuramos fugir das tipologias comumente apresentadas, como exclusivismo, inclusivismo, relativismo e pluralismo, porque entendemos que tais formulações não são facilmente identificadas, estão em processo de reconstrução, são sempre relativas aos objetivos e metas de cada distinção a ser feita e podem ser, se não forem bem anunciadas, formas simplificadoras e redutoras, mesmo que sejam relevantes para a compreensão do debate. Organizamos blocos gerais, que servem mais como trilha para o caminho do que identificação precisa da posição dos autores(as). Mesmo porque, cada um(a) deles(as) tem sido desafiado(a) por amplas e variadas questões.

No primeiro bloco – "Abrindo horizontes" – estão os teólogos Julio de Santa Ana, que destaca a importância pública das religiões; Hans Küng, que realça o valor do humano e da ética social para a aproximação entre religiões; Jürgen Moltmann, que a partir da visão cristã trinitária propõe uma Teologia que vislumbre uma unidade aberta, convidativa e integradora; Xabier Pikaza Ibarrondo, que faz a crítica aos processos de globalização e apresenta a missão religiosa monoteísta de viver a fé em comunhão universal e em comunicação humana; Paul Knitter, que apresenta os modelos de interpretação das Teologias das Religiões, a saber: o de "substituição", "complementação", "mutualidade" e "aceitação"; Claude Geffré, que vê o pluralismo religioso como paradigma teológico; e Andrés Torres Queiruga, que defende a ideia de que a autêntica identidade é forjada no diálogo.

No segundo bloco, que apresenta mais detidamente o desafio da questão cristológica, estão a busca de critérios de discernimento, de Mario de França Miranda; o pluralismo normativo, de Roger Haight; a ideia de um cristocentrismo teocêntrico, de Jacques Dupuis; e a hipótese pluralista, de John Hick.

No terceiro bloco, que enfoca um pouco mais de perto as questões entre diálogo e missão, estão a crítica de José Comblin aos projetos missionários dominadores; a proposta de Wesley Ariarajah e de Christine Lienemann-Perrin de se repensar a missão diante da pluralidade religiosa; e o testemunho de vida e a reflexão teológica de Inderjit Bhogal sobre o valor do cotidiano como expressão e oportunidade de pluralismo.

No quarto bloco, há várias interpelações de contextos e conceitos específicos. Para isso, apresentamos a Teologia Indígena Latino-Americana, de Diego Irarrazaval; a Teologia Negra, de Antônio Aparecido da Silva, o Padre Toninho; a contribuição de Luiza Tomita no debate entre Teologia Feminista e ecumenismo; o valor teológico do sincretismo religioso visto por Afonso Ligório Soares; a ideia de Aloysius Pieris de um magistério dos pobres a partir do diálogo inter-religioso; e a crítica de Raimon Panikkar ao formalismo teológico.

O quinto e último bloco realça o tema da espiritualidade. Para ele, trouxemos as contribuições de Michael Amaladoss, em especial o seu apelo pastoral ao diálogo e a sua preocupação com a aproximação entre as religiões e a luta pelos direitos humanos; a visão de Maria Clara Bingemer sobre a importância da mística e da alteridade; as reflexões de Faustino Teixeira e de José Maria Vigil sobre diálogo inter-religioso e espiritualidade ecumênica; e a ideia de Marcelo Barros de uma Teologia Afro-Latíndia da Libertação.

Nossas pressuposições: a dimensão do plural

Como indicativo da necessidade de novos referenciais teóricos, tanto para a Teologia como para as Ciências da Religião, está, a nosso ver, uma compreensão mais adequada da diversificação cada vez mais visível do quadro religioso e o crescente anseio, da parte de diferentes grupos, pelos diálogos inter-religiosos, como busca de interculturalidade, não obstante o simultâneo fortalecimento das propostas de cunho fundamentalista. Esse panorama tem implementado novas perspectivas hermenêuticas, teológicas ou não, mas ainda possui no horizonte a maior parte de suas questões. Estas também necessitam ser formuladas de maneira mais adequada e debatidas com profundidade.

Quanto mais olharmos as vivências religiosas numa lógica plural que perceba suas conexões com as demais experiências humanas – religiosas ou não –, como se inter-relacionam e se interpelam e como podem expressar os seus valores fundamentais, mais compreensíveis serão as linguagens da religião. Para isso, a Teologia e as Ciências da Religião, sobretudo as suas áreas de caráter mais hermenêutico que intentam analisar as linguagens da religião, precisam estar atentas.

A perspectiva ecumênica, tanto na dimensão intra-cristã como na inter-religiosa, ganhou, nas últimas décadas, forte destaque nos ambientes teológicos. A pressuposição é que ela é fundamental para toda e qualquer experiência religiosa ou esforço teológico ou hermenêutico. Essa visão, quando vivenciada existencialmente e/ou assumida como elemento básico entre os objetivos, altera profundamente o desenvolvimento de qualquer projeto, iniciativa ou movimento religioso. Daí, o interesse pelos estudos ecumênicos. No tocante à Teologia, em todos os seus campos, o dado ecumênico suscita novas e desafiantes questões.

No campo cristão, por exemplo, à medida que as pessoas e os grupos, nas bases, nas atividades práticas, nos espaços de formação e em encontros, contam com a participação de pessoas e grupos de confissões ou religiões diferentes, elas vão mergulhando cada vez mais no universo plural que a sociedade hoje representa. E, mais do que isso, aprendem a fugir das respostas rápidas e unívocas e descobrem a existência de formas diferentes de compreender o mundo, a vida e a missão religiosa – igualmente válidas.

Além disso, e em plano semelhante, estão as indicações de Marcelo Azevedo, ao mostrar que o "diálogo supõe que cada um dos parceiros seja ele mesmo e como tal se manifeste e seja acolhido. Seu fruto principal é a percepção da diferença entre ambos e, por conseguinte, a intuição mais aguda das respectivas identidades. Ao conhecer melhor o outro, cada um se conhece melhor a si. O que poderia parecer um fator que aprofunda a discrepância e alarga a distância torna-se caminho privilegiado de uma nova perspectiva" (In: TEIXEIRA [org.]. *Diálogo de pássaros*. São Paulo: Paulinas, 1993, p. 18).

A presença do "outro", portanto, é a dimensão interpeladora da prática ecumênica. É este "outro" em seu corpo, fala, face, fé que provoca a vida e a produção teológica de quem com "ele/ela" se relaciona. Essa presença e interação são desafiadoras em diferentes aspectos. O primeiro ponto é a pluralidade. Embora cultuada, é possível assumir as dificuldades que muitos daqueles que têm a perspectiva teórica do marxismo ou têm atuado com os referenciais da esquerda política encontram nesse aspecto. Os reducionismos teóricos e metodológicos de expressiva parcela de agentes e lideranças religiosas, assim como de teólogos e teólogas, têm sido, muitas vezes, um exemplo de estar "pouco à vontade" nesse ponto.

Já as pessoas que somam em sua trajetória uma experiência ecumênica, regra geral, acrescentam aos eventos, projetos ou experiências religiosas uma sensibilidade distinta de abertura, afetividade, alteridade e criatividade. Também o aprofundar da vivência ecumênica exige um reordenamento de sentidos e de sensibilidade aos fatos. Trata-se de possuir – como as mulheres, por exemplo – uma outra forma de ver o mundo e o divino. Assim, nessa interação com o "outro", nas mobilidades de nossas fronteiras, se dá um encontro com "o novo", numa espécie de evento *kairótico*, em que a relação com essa alteridade explode o curso comum das histórias pessoais. Há, portanto, uma transformação por meio da graça manifesta na relação, no face a face: uma salvação.

Relacionado a isso, Paul Knitter, ao introduzir a ideia, assumidamente utópica, de "uma comunidade dialógica de comunidades entre as religiões mundiais" enfatiza que "para conhecer a verdade temos de estar comprometidos com a prática de comunicação uns com os outros; isso quer dizer conversar realmente com pessoas que são, de modo significativo, diferentes de nós, e escutá-las. Se falamos somente com nós mesmos ou com alguém de nosso próprio grupo natural, ou se algumas pessoas que simplesmente excluímos de nosso convívio e com quem não conseguimos nos imaginar falando, então possivelmente nos alijamos da oportunidade de aprender algo que ainda não descobrimos" (*Introdução às Teologias das Religiões*. São Paulo: Paulinas, 2008, p. 32).

Outro significado teológico da vivência ecumênica é, como já indicado, a referência utópica. A presença em conjunto de pessoas e de grupos com diferentes experiências religiosas aponta para o futuro e, necessariamente, precisa estar deslocada do real. É a dimensão da imaginação. Esse utópico, todavia, não é uma perspectiva linear e progressiva da história – como bases *hegelianas* – em que ela vai completando-se e conhecendo-se rumo a um sentido único. Utopia, aqui, relaciona-se com uma atividade visionária que – a partir da dimensão do futuro – cria intervenções e rupturas no presente, agora. É o sonho que acampa o real, fazendo dele morada. Uma busca para fazer-lugar aquilo que permanece apenas como desejo, como movimentação. Nas palavras de Homi Bhabha, a utopia, o residir "no além" é "ser parte de um tempo revisionário, um retorno ao presente para redescrever nossa contemporaneidade cultural; reinscrever nossa comunalidade humana, histórica; *tocar o futuro em seu lado de cá*" (*O local da cultura*. Belo Horizonte: Ed. UFMG, 2007, p. 27).

Quando comunidades religiosas, ainda que de forma incipiente, começam – movidas por uma utopia – a se unir em torno de uma proposta socialmente responsável e comum, isso se torna uma ação política e profética. A unidade é, portanto, uma tarefa religiosa sublime e nos cabe identificá-la (ou mesmo as suas contraposições) nas diferentes linguagens religiosas. No contexto das experiências religiosas, é comum encontrarmos um tipo de apelo que indica ser preciso abrir caminhos, dar sinais proféticos de unidade, ainda que pequenos, superando posturas já cristalizadas perante o ecumenismo, como aquela caracterizada por um otimismo festivo que considera a prática ecumênica em estágio avançado e pouco está atenta às limitações e diferenças dos diversos grupos. Ou, como outra postura, marcada por um pessimismo exigente que não considera os avanços do ecumenismo e não valoriza as pequenas iniciativas e possibilidades. Uma alternativa que se percebe no campo religioso – e, em nossa interpretação, nos parece consistente – é enxergar a unidade ecumênica numa dimensão histórica: valorizando seu desenvolvimento, limitações, críticas e possibilidades.

As pessoas e os grupos que atuam ecumenicamente, especialmente no campo popular, na grande maioria vivem sua fé por vezes de maneira inédita e fora dos padrões eclesiásticos ou religiosos próprios. É fato que muitos pagam elevado ônus pela radicalidade ecumênica e por seus compromissos políticos, nem sempre bem acolhidos pelas ferrugens das dimensões institucionais que organizam o espaço religioso.

Outro aspecto da prática ecumênica é a fragmentação das experiências. Não há, ainda, elementos de articulação entre as iniciativas ecumênicas, tanto no âmbito intracristão como no inter-religioso. No Brasil, elas têm sido vividas por todos os cantos do país, todavia de forma diversa, modesta, por vezes embrionária, outras vezes com dimensão política mais acentuada, outras vezes não. Algumas experiências conseguem continuidade, outras fragilizam-se com a mudança da liderança religiosa. Umas têm caráter mais eclesial/comunitário e gratuito, muitas se dão em torno de grupos para estudo da Bíblia, no caso cristão, ou de formas mais espontâneas de espiritualidade. Em alguns lugares, têm-se implementado projetos comuns de formação religiosa e em outros, projetos sociais e econômicos, construindo parcerias com agências ecumênicas, comunidades cristãs e de outras tradições religiosas na busca de uma fé que incida publicamente na sociedade diante de suas questões, problemas e propostas de transformação.

Nessa implementação de projetos, apontamos – como "sinal dos tempos" – a irrupção de um "ecumenismo popular", marcado pela construção de articulações mais espontâneas, organizadas em redes e fóruns autogestionáveis, com pessoas do campo e da cidade, de distintas origens religiosas e experiências de fé, com diferentes lutas em movimentos sociais, populares e ecumênicos. Como prática, essa mobilização popular, movida pelas diversas espiritualidades, acontece na procura pela incidência pública e transformação das realidades de injustiças e de intolerâncias.

Nesse sentido, caminha-se também em busca da promoção dos direitos humanos, econômicos, sociais, culturais e ambientais (DHESCA). Os desafios são os mais diversos. Mesmo em meio às fragilidades, surgem a criação de redes, um reflorescimento das juventudes na caminhada do movimento ecumênico – que é centenário –, a formação de novas lideranças e a presença cada vez mais diversificada de grupos religiosos distintos. Essa irrupção ecumênica pode e deve estar relacionada com um "ecumenismo confessional", de tom mais eclesiástico, mas permanece além, transpassando essas iniciativas mais doutrinais, construindo-se como outro espaço de espiritualidade e de incidência pública, não tão relacionado às práticas institucionais, mas às ações pessoais e comunitárias.

Com essas considerações, dois aspectos da diversidade e fragmentação da vivência ecumênica precisam ser ressaltados. Em primeiro lugar, aqueles que questionam a autenticidade do diálogo ecumênico nas bases – por estar, muitas vezes, calcado somente na figura do(a) líder ou num pequeno grupo de pessoas – precisam considerar que isso pode ser extremamente significativo devido ao caminhar histórico das Igrejas cristãs e das religiões em geral. Em segundo lugar, é preciso olhar de forma especial e atenta para poder visualizar as vivências ou potencialidades ecumênicas nos diferentes espaços de atuação, caso tenhamos uma posição interessada motivada pelos processos de democratização e de reforço à pluralidade na sociedade.

A vocação ecumênica, ao marcar as reflexões teológicas, mostra que o caráter de apologia, de sectarismo ou de exclusivismo é ou deve ser evitado. Teologicamente, afirmamos que Deus é sempre maior do que qualquer compreensão ou realidade humana. Age livremente, em especial na ação salvífica. Nesse sentido, não é preciso estar excessivamente preocupado em descobrir quem é ou será salvo (para utilizar o imaginário comum dos cristãos);

mas, no caso dessa mesma tradição religiosa, quem é e o que representa Jesus Cristo para a comunidade cristã. Em um primeiro momento, o que deve preocupar, portanto, é uma categoria cristológica: o *seguimento de Jesus*.

Sendo assim, é de fundamental importância para a contribuição cristã no diálogo inter-religioso e na reflexão teológica dele decorrente que o interesse da comunidade cristã seja, como afirmou Jon Sobrino, o *"pro*-seguimento de Jesus com espírito", numa relação entre a vida real de Jesus, a força para caminhar e a necessidade de atualização e abertura à novidade do futuro. Por ser dessa maneira, o seguimento se dá numa encarnação real em um mundo real, que é plural e diverso, com distintas experiências de fé e diversos problemas socioeconômicos. Isso se dá não apenas movido por reflexões socioanalíticas, mas pelas "entranhas que se movem pela misericórdia", como sempre sinaliza Sobrino. Essa manifestação em prol do *seguimento de Jesus* e do "princípio misericórdia" privilegia a humanidade e os seus dilemas. Deus se sujeita a ela; quer ser humano. Ao assumir a existência humana, ele articula as questões da vida e da morte: da vida, porque é criador e misericordioso; da morte, porque é humano.

A reflexão sobre a vida e a morte e a tensão entre elas produzem muitas interpelações. Uma delas, que desejamos destacar, é que a fé cristã não pertence, fundamentalmente, à ordem do conhecimento e da representação política ou eclesiástica, mas sim, da vida, em seu sentido amplo e radical. José Comblin indicou tal perspectiva em "O debate atual sobre o universalismo cristão", um texto publicado na revista *Concilium* (155), 1980, que, em certo sentido, é precursor do tema da Teologia das Religiões em terras latino-americanas. Para o autor "ser cristão não é revestir-se de um conjunto de conhecimentos ou de estruturas. É viver, libertar-se do que não é vida, para viver plenamente. Jesus se define assim: a vida, o caminho, a porta, o pão, a luz. Ele dá a vida, a saúde, o dinamismo, atira à ação. Não se trata simplesmente da vida biológica, nem tampouco de uma realidade estranha à vida biológica: trata-se desse tônus vital que é parte da responsabilidade de cada um na sua intensidade de vida" (p. 81).

Essa perspectiva nos remete, entre outros fatores, à busca de um paradigma para a Teologia das Religiões. Trata-se da superação dos modelos já consagrados, como o que considera Jesus Cristo e a Igreja como caminho necessário para a salvação (exclusivismo); o que considera Jesus Cristo como caminho de salvação para todos, ainda que implicitamente (inclusivismo); e aquele no qual Jesus é o caminho para os cristãos, enquanto para os outros o caminho é a sua própria tradição, sem grandes preocupações com autocríticas, revisões e mudanças (relativismo). A perspectiva pluralista, que advogamos, possui como característica básica a noção de que cada religião tem a sua proposta salvífica e de fé que devem ser aceitas, respeitadas e aprimoradas por meio de um diálogo e uma aproximação mútuos. Assim, a fé cristã, por exemplo, necessita ser reinterpretada no confronto dialógico e criativo com as demais expressões de fé. O mesmo deve se dar com toda e qualquer tradição religiosa. Aqui, há um ponto de novidade que coloca a todos em constante desafio.

Numa visão pluralista, os elementos-chave da vivência religiosa e humana em geral são alteridade, respeito à diferença, além de diálogo, cooperação prática e ética em torno da busca da justiça e do bem comum. No caso da

Teologia cristã – e as demais perspectivas religiosas estariam da mesma forma implicadas –, a concepção pluralista de uma Teologia Ecumênica das Religiões forjaria, pelo menos, duas questões fundamentais: a) qual é o sentido/significado das questões relativas à fé cristã (como Cristo, Igreja, Reino de Deus, salvação, Espírito Santo, criação, etc.) ao pensarmos em "um novo modo de fazer Teologia" num contexto de pluralismo religioso, como apontou Jacques Dupuis, entre outros; b) como o diálogo e a aproximação concreta entre as religiões contribuem para a melhor compreensão da fé cristã (e das outras tradições) e de suas consequentes implicações éticas no mundo.

Ao reforçar as dimensões do plural e do diálogo e ao indicar o desafio do debate ecumênico das religiões, desejamos mostrar que a lógica plural é fundamental para o método teológico e para a vivência religiosa.

Nossa pressuposição é que nos momentos de perplexidade e de busca de novos referenciais teóricos temos de ouvir as perguntas da vida e da fé e procurar explicitar o conteúdo delas, especialmente considerando a experiência das pessoas pobres e marginalizadas socialmente, seguindo, portanto, a indicação dos princípios bíblicos, no âmbito da vocação da Teologia Latino-Americana.

Em síntese, a escrita deste "guia para visionários" é, pois, cheia de desejos... Desejamos que ele provoque novas perguntas nas reflexões e no cotidiano de muitas pessoas; desejamos que este "guia" desperte muitas comunidades à causa ecumênica e à geração de novas visões de fé e do mundo; desejamos, por fim, que as palavras articuladas aqui – junto com encontros concretos com os "outros" que nos interpelam – sejam capazes de "ensinar alguém a sonhar", assim como fez conosco...

ABRINDO HORIZONTES

JULIO DE SANTA ANA

TESTEMUNHO ECUMÊNICO

Nascido em Montevidéu, no Uruguai, em 1934, Julio de Santa Ana, teólogo metodista, possui uma longa jornada ecumênica. É um dos nomes mais destacados da Teologia Latino-Americana da Libertação, especialmente por ser um dos protagonistas da gênese desse pensamento teológico ao ser, em 1963, o primeiro editor da revista *Cristianismo y Sociedad* – a base teórica do movimento "Igreja e Sociedade da América Latina" (ISAL) e um dos marcos históricos do surgimento da Teologia da Libertação. Nos anos de 1970, devido aos processos de repressão política, Julio de Santa Ana foi obrigado a sair do seu país, indo se exilar em Genebra, na Suíça. Nessa ocasião dirigiu a Comissão para a Participação das Igrejas no Desenvolvimento (CPID) do Conselho Mundial de Igrejas (CMI) e atuou em várias frentes do trabalho ecumênico, contribuindo especialmente com as análises sociais e econômicas e o impacto delas para os movimentos sociais e para as Igrejas. Um dos projetos dos quais esteve à frente foi "Por uma Igreja solidária com os pobres", que teve impacto na formação de quadros das Igrejas evangélicas em diferentes partes do mundo e também na articulação das bases da Teologia da Libertação. Como fruto desse processo, destacam-se duas obras: *A Igreja dos pobres* (São Bernardo do Campo: Imprensa Metodista, 1985), editada por Julio de Santa Ana, e outra escrita por ele mesmo chamada *A Igreja e o desafio dos pobres* (Petrópolis: Vozes & Tempo e Presença, 1980). Ambas trazem os principais desafios para a relação entre Igreja e sociedade e as marcas básicas de uma Eclesiologia popular.

No Brasil, na década de 1980, Julio de Santa Ana trabalhou em São Paulo como secretário executivo do Centro Ecumênico de Serviço à Evangelização e à Educação Popular (CESEP) e no Programa de Pós-Graduação em Ciências da Religião da Universidade Metodista, onde é professor emérito. Nesse período, aprofundou a reflexão sobre os desafios pastorais no contexto latino-americano, enfocando a renovação eclesiológica a partir da experiência dos pobres, o ecumenismo e a crítica às instituições políticas e eclesiásticas. Dessa época é a conhecida obra *Ecumenismo e libertação:* reflexões sobre a relação entre a unidade cristã e o Reino de Deus (Petrópolis: Vozes, 1987).

Como teólogo e cientista social, Julio prezou sempre o pensamento crítico e a renovação das ideias. Defende com ardor que a Teologia não pode ser uma repetição de fórmulas elaboradas em outros tempos e em outros contextos. Em diálogo com Hugo Assmann, Franz Hinkelammert e Ulrich Duchrow, Julio de Santa Ana contribuiu para os fundamentos e o aprofundamento das reflexões em torno da relação entre Teologia e economia. Em *O Amor e as paixões* (Aparecida: Santuário, 1989), Julio apresenta uma densa crítica teológica à economia política.

A trajetória ecumênica de Julio de Santa Ana, seja pela sensibilidade dele para as comunidades eclesiais de base e movimentos populares, seja pela participação expressiva no movimento ecumênico que faz parte das ações do Conselho Mundial de Igrejas (CMI), o despertou para a importância das religiões nos processos de promoção da paz e da justiça. Tal visão é fruto da conhecida tríplice dimensão do ecumenismo que Julio de Santa Ana aprendeu e ensinou: a *unidade cristã*, relacionada ao reconhecimento do escândalo histórico das divisões e de uma preocupação em construir perspectivas missionárias ecumênicas; a *promoção da vida*, firmada nos ideais utópicos de uma sociedade justa e solidária e na compreensão que eles podem reger a organização da sociedade integrando todos os de "boa vontade"; e o *diálogo inter-religioso,* na busca incessante da superação dos conflitos, da paz e da comunhão universal dos povos.

1. A importância pública das religiões

Julio de Santa Ana apresenta uma reflexão sobre o lugar das religiões na busca da paz em "Diálogos inter--religiosos: dificuldades e promessas" (pp. 99-117) na obra *Religiões e paz mundial* (São Paulo: Paulinas, 2010), organizada pela SOTER . O seu ponto de partida é apresentar as críticas que foram feitas aos pensamentos secularizantes, inclusive teológicos, que marcaram o século XX, sob a inspiração, sobretudo, de Max Weber, que relegava às religiões uma progressiva diminuição do papel de interferência no cenário social e político. Santa Ana mostra que, em diferentes contextos, as religiões, nos últimos anos, se mostraram relevantes para os acontecimentos e processos sociais e estiveram bem-relacionadas com os diferentes aspectos da vida. Esse entrelaçamento com as múltiplas dimensões da vida social tem produzido ações de colorações ideológicas distintas, por vezes até mesmo antagônicas, ora reforçando ou gerando formas de violência, ora sendo geradoras da paz e da justiça. O fato é que não se pode negar a importância pública das crenças religiosas.

Diante disso, é de fundamental importância uma análise atenta aos processos religiosos que florescem no mundo todo e ao modo como eles se inter-relacionam entre si e no âmbito de cada tradição. Esse conjunto de relacionamentos, favorecido enormemente pelos processos de globalização e de fortalecimentos de instituições internacionais governamentais e não governamentais, forjam relacionamentos positivos entre os povos do mundo. Ao mesmo tempo, há situações nas quais tal aproximação se desvanece, o que gera as possibilidades de reinício dos conflitos.

A compreensão da situação conflitiva das religiões possibilita percebê-las não somente como negativas, uma vez que podem ser portadoras de uma nova sensibilidade para a necessidade de se superar os antagonismos e a intolerância. É por isso que Julio de Santa Ana reafirma que "esta possibilidade leva-nos, mais uma vez, a considerar que as religiões devem ser analisadas e interpretadas como parte muito importante da vida pública. Certamente, desempenham a função de pôr em relação (*religare*, segundo a palavra latina) os crentes com o Ser Supremo, com a Realidade Última (segundo a expressão de Paul Tillich). Mas, ficaríamos num tipo de visão míope e nem perceberíamos que este contato pode ser feito em *todos* os níveis da vida" (p. 106).

Portanto, não obstante os aspectos negativos das interfaces das religiões com a cultura e com a política, gerando formas de violência, um olhar teológico sobre as religiões deve priorizar a abertura dialogal presente na vida, como elemento antropológico. O diálogo aumenta a capacidade humana de autorrealização e de realização do outro. Ele é um reconhecimento de que o outro me permite uma transição para uma nova posição. Tal situação estimula e possibilita as práticas do fazer-se humano e, ao mesmo tempo, cria condições para que os processos teóricos de compreensão da vida sejam mais completos e consistentes. "Quando o diálogo é estabelecido, não só se experimenta uma preocupação teórica (quem dialoga conosco), mas também é manifestado um compromisso prático, que, ademais, exige uma compreensão mútua" (p. 112). Trata-se do *Eu e Tu*, de Martin Buber. É a consciência se descobrindo a si mesma como existência graças ao outro. Essa tem sido, e transparece como forte necessidade de continuar sendo, uma das fontes fundamentais de inspiração do movimento ecumênico.

2. Fragmento

Aprendizagem do diálogo (pp. 114-117)

É cada vez mais crescente a consciência de que há uma relação estreita entre o diálogo inter-religioso e o desenvolvimento reflexivo da Teologia das Religiões. Trata-se de um processo incipiente, por enquanto, que desperta interesse, proporciona posições inovadoras, e no qual participam, sobretudo, cristãos de diferentes confissões. Entre eles, mencionamos Jacques Dupuis, Paul F. Knitter, Wilfred Cantwell Smith, John Hick. Eles fazem uso de uma linha de pensamento que suscita intensas polêmicas. As reflexões desses especialistas em Ciências das Religiões, Missiologia, Antropologia, História das Civilizações etc. apontam que a diversidade é uma das características mais fortes da situação cultural contemporânea. [...]

Essas realidades conflituosas apresentam desafios à Teologia, aos quais ela responde de diferentes maneiras. [Há] [...] uma postura (predominante, por enquanto) chamada "exclusivista". Devemos esclarecer que quem compartilha esta posição não está de acordo necessariamente com todas as suas posições teológicas. Não chega a formar uma frente coerente. Por exemplo, Karl Barth é considerado um teólogo exclusivista. Os fundamentalistas protestantes também são. E a Igreja Católica Romana também faz parte dos exclusivistas! Reiteram a posição de Cipriano: *Extra ecclesia nulla salus*. Sua compreensão da revelação cristã e de outras religiões possibilita aos exclusivistas respostas às perguntas formuladas sobre a existência humana sem levar em consideração o que dizem os adeptos de outros credos. O comportamento dos fundamentalistas, como é o caso dos integristas, é "exclusivista". Os que são caracterizados como tais afirmam que somente a Bíblia diz a verdade e que os dogmas cristãos são os únicos válidos. Depreende-se daí que a relação entre o cristianismo e outras religiões se expressa através da separação e que a missão é entendida como proselitismo. Advirto que este comportamento "exclusivista" é também manifestado pelos crentes judeus, maometanos, budistas e outros. Muitos crentes dessas chamadas "religiões do Livro" (judaísmo, cristianismo e islamismo) podem ser caracterizados como "exclusivistas".

[Tais] reflexões [...] nos ajudam a compreender as posições tomadas por teólogos das religiões. São importantes também as de John Hick, que ressalta a presença daqueles que são chamados "inclusivistas". A partir disso, entende-se que a fé religiosa estabelece as normas corretas, que, em alguns casos, são vistas como "absolutas". Porém, e ao mesmo tempo, elas aceitam que outras crenças religiosas possam proclamar a mesma verdade. Entre os "inclusivistas" chamamos a atenção para Karl Rahner. Na sua obra, ele faz menção aos "cristãos anônimos". Recebe esta qualificação quem vive de acordo com o Evangelho de Jesus de Nazaré, independentemente de reconhecê-lo ou confessá-lo.

Para Hick, a posição exclusivista não considera os acontecimentos. A inclusivista entende melhor o sentido deles. Hick diz que na realidade contemporânea é preciso reconhecer a existência de um pluralismo religioso. Tal diversidade nos permite compreender que, no decorrer da segunda metade do século XX, foi tomando forma um processo no qual as grandes religiões (teístas ou não) respondem à Realidade Última. [...]

Assim, vai-se tecendo a trama da *Teologia das Religiões*. Está muito próximo o assunto do diálogo inter-religioso. E podemos dizer, tendo em conta seu caráter inovador, que converge com a Teologia da Libertação. No contexto de fazer teológico, tal como se apresenta em nosso tempo, é uma verdadeira promessa. E, como tal, indica novos rumos à Teologia. Não é o momento de analisá-la. Seu exame nos levaria a considerar questões fundamentais para nossas maneiras de viver as diferentes expressões de fé.

Hans Küng

VALOR DO HUMANO E DA ÉTICA SOCIAL

O renomado teólogo e padre católico Hans Küng nasceu em 1928, em Sursee, na Suíça. Acompanhou de perto os processos de renovação teológica e eclesial da Igreja Católica Romana, especialmente como assessor oficial do Concílio Vaticano II (1962-1965), e esteve atento às reflexões teológicas igualmente renovadoras no campo protestante como as de Karl Barth.

Nos anos de 1980, tornou-se professor independente de Teologia Ecumênica e diretor do Instituto de Pesquisa Ecumênica da Universidade de Tubinga, na Alemanha. Nessa mesma cidade, preside a Fundação de Ética Global. Anteriormente havia passado por processos eclesiásticos com a Congregação para a Doutrina da Fé do Vaticano que, nas próprias palavras do autor, foram "desgastantes conflitos com Roma, provocados por uma hermenêutica diferente, por um paradigma distinto e por outra concepção da relação entre exegese e dogmática".

Entre os temas refletidos por Hans Küng encontram-se os pontos sistemáticos fundamentais do "ser cristão". Eles tiveram uma primeira sistematização na volumosa e densa obra *Ser cristão* (Rio de Janeiro: Imago, 1976) e podem ser vistos num conciso e provocativo texto cujo título revela a perspicácia teológica do autor: *Por que ainda ser cristão hoje?* (Campinas: Verus, 2004). Além dos temas de caráter mais global, estão no espectro teológico de Hans Küng o ecumenismo, a paz e a justiça e uma ética mundial e outros temas controversos como a contracepção, o celibato sacerdotal e infalibilidade papal.

Autor de muitos livros, entre eles *Projeto de ética mundial*: uma moral ecumênica em vista da sobrevivência humana (São Paulo: Paulinas, 1993) e *Religiões do mundo*: em busca dos pontos comuns (Campinas: Verus, 2004). Nesse último, Hans Küng procura compreender as religiões examinando os contextos sociais, políticos e históricos das expressões religiosas mais destacadas na atualidade. A partir de uma prática significativa de diálogos, viagens a diferentes países, observações de variadas culturas, ele distingue três grandes correntes de religiões: as originárias da Índia, como o hinduísmo e o budismo, cuja figura-chave é o místico; as originárias da China, como o confucionismo e o taoísmo, cuja figura-chave é o sábio; e as originárias do Oriente Médio, como o judaísmo, o cristianismo e o islamismo, cuja figura-chave é o profeta. A pressuposição básica de Küng em relação ao interesse pelas religiões é que "não haverá paz entre as nações, se não existir paz entre as religiões. Não haverá paz entre as religiões, se não existir diálogo entre as religiões. Não haverá diálogo entre as religiões, se não existirem padrões éticos globais" (p. 17).

Para Küng, as religiões, não obstante os conflitos, se encontram no processo de uma nova reflexão sobre o humano. Ele retoma, assim, a Declaração da Conferência Mundial das Religiões pela Paz realizada em Kyoto (Japão), em 1970: "Quando estivemos juntos para tratar do importantíssimo tema da paz, descobrimos que as coisas que nos unem são mais importantes do que as coisas que nos separam: uma profunda convicção da unidade fundamental da família humana e da igualdade e dignidade de todos os seres humanos; um sentimento da inviolabilidade do indivíduo e de sua consciência; um sentimento de valor da comunidade humana; a consciência de que o poder não se identifica com a justiça, de que o poder humano não é autossuficiente nem pode ser absoluto; a crença de que o amor, a misericórdia, o altruísmo e a força do espírito e da sinceridade têm mais poder a longo prazo do que o ódio, a inimizade e o egoísmo; um sentimento de compromisso a favor dos pobres e oprimidos, e contra os ricos e opressores; e uma profunda esperança de que finalmente triunfará a boa vontade".

1. A verdadeira humanidade é pressuposto da verdadeira religião, e uma verdadeira religião é o aperfeiçoamento de uma verdadeira humanidade

Em *Teologia a caminho:* fundamentação para o diálogo ecumênico (São Paulo: Paulinas, 1999), Hans Küng apresenta uma plataforma teológica, visando responder às questões que emergem na pós-modernidade, com destaque para os aspectos básicos de uma Teologia Ecumênica, vistos por ele, não como conteúdos ao lado de outros, mas como método teológico. Daí, o significativo título do livro: "Teologia a caminho".

Na primeira parte da obra, Küng analisa os conflitos clássicos da experiência ecumênica cristã como os instaurados no período da Reforma Protestante no século XVI e os relativos à tensão entre as interpretações da Bíblia e a tradição das Igrejas.

A segunda parte é dedicada às questões de natureza metodológica, baseada na mudança de paradigma na Teologia e nas ciências, conforme o legado de Thomas Kuhn. Nesse sentido, são apresentados tanto o paradigma do tradicionalismo católico como as renovações efetuadas no século XX, sobretudo por Karl Rahner, no contexto católico-romano, e por Karl Barth, no contexto evangélico, para se inventariar processos que culminam com uma referência teológica para o paradigma pós-moderno, cujo perfil é o de uma Teologia Ecumênica crítica. Para Hans Küng, tal perspectiva possui "uma tradução muito concreta: uma Teologia que, numa nova era, procura ser *ao mesmo tempo:* a) 'Católica', continuamente preocupada pela 'totalidade', pela 'universalidade' da Igreja, e, ao mesmo tempo, 'evangélica' em estrita referência à Escritura e ao Evangelho. b) 'Tradicional', sempre responsável perante a história, e, ao mesmo tempo 'de acordo com a época', encarando seriamente os problemas do presente. c) 'Cristocêntrica', em todo momento cristã, e, ao mesmo tempo, 'ecumênica', aberta à *ecumene*, a todo mundo habitado, todas as igrejas, religiões e regiões. d) Teórico-científica, dedicada à doutrina e à verdade, e, ao mesmo tempo, prático-pastoral, preocupada com a vida, com a renovação e com a reforma" (p. 238).

Intitulada "Por uma Teologia das Grandes Religiões", a terceira parte da obra inicia com a pressuposição de que "a concórdia entre as religiões é condição prévia para a paz entre as nações". Ainda que preliminarmente, defende-se e se aplica a ideia, de que uma análise global da situação religiosa atual é urgente e necessária, tanto para a compreensão do contexto religioso em geral e o de cada expressão religiosa em particular quanto para a análise dos antagonismos e paralelismos e das divergências e convergências no diálogo entre religiões. Nessa análise surgem com força duas dimensões dialéticas: a verdadeira humanidade – entendida como o respeito da dignidade e dos valores fundamentais do ser humano – é pressuposto de verdadeira religião; e uma verdadeira religião – como expressão de um sentimento global, de valores supremos e obrigatoriedade incondicional – é o aperfeiçoamento de uma verdadeira humanidade.

Hans Küng relembra que "nenhuma religião possui *toda* a verdade. *Apenas* Deus possui a *verdade plena...* Só o próprio Deus – qualquer que seja o seu nome – *é* a verdade" (p. 290). Ele também afirma que "todas as religiões devem ser mais sensíveis às exigências do humano. Este patrimônio humano de todos os homens é um critério ético geral, válido para todas elas em seu conjunto. Mas as religiões também devem lembrar-se continuamente [...] de sua *essência primitiva*, que resplandece em suas origens, em seus escritos canônicos e em suas instituições básicas. Ao mesmo tempo deverão estar muito atentas a seus críticos e reformadores, profetas e sábios, que lhes lembram constantemente as infidelidades a sua verdadeira essência ou a sua traição à mesma" (p. 280).

2. Fragmento

O humano, critério ético geral (pp. 274-278)

Quando comparamos nossa religião com as outras, mas também quando refletimos sobre os próprios abusos, coloca-se para todas as religiões a pergunta sobre critérios do verdadeiro e do bom, isto é, *de critérios comuns*, aplicáveis a todas as religiões, e sem perder de vista o problema dos direitos dos povos. Nem a ciência descritiva da religião (pouco interessada em critérios normativos), que antepõe (amiúde sem garantias suficientes) determinadas concepções de humanidade, natureza e história à realidade do divino (uma preferência implícita pelo "místico"), nem a Teologia Cristã, que anteriormente quase não se comparou seriamente com outras religiões e sempre se esquivou desse problema difícil, tem realizado o necessário trabalho criteriológico. Mas é exatamente essa deficiência de teoria que me desafia a fazer ao menos uma proposta de solução.

Partiremos de uma pergunta inevitável: os fins religiosos podem "santificar" todos os meios possíveis? Justifica-se tudo por causa da entrega religiosa, até mesmo o abuso do poder político-econômico, da sexualidade ou da agressividade? Pode ser aceito como *preceito religioso* aquilo que é *manifestamente desumano*, que claramente prejudica, fere ou até destrói o ser humano? Há um grande número de exemplos disso em todas as religiões: pode-se justificar sacrifícios humanos porque são oferecidos a um Deus? É *lícito* matar crianças, queimar viúvas e torturar hereges até a morte por razões de fé? A prostituição torna-se litúrgica por ser realizada no templo? Pode-se justificar igualmente a oração e o adultério, a ascese e a promiscuidade sexual, o jejum e o consumo de drogas quando servem como caminhos para atingir uma "experiência mística"? Pode-se permitir charlatanismo e falsos milagres e toda sorte de mentiras e enganos porque supostamente são feitos por uma causa "santa"? A magia que procura forçar a divindade é o mesmo que religião, que recorre à divindade? Imperialismo, racismo ou chauvinismo masculino pode ser aceito com base em uma funda-

41

mentação religiosa? Pode-se deixar de criticar um suicídio em massa, como ocorrido em Guyana, por ter motivação religiosa? Penso que não!

Nem sequer a religião institucionalizada – qualquer que seja – é, em princípio, plenamente "moral"; e também costumes coletivos, aceitos sem questionar, precisam ser submetidos à prova. Por isso, os *critérios éticos universais* precisam hoje mais do que nunca de discussão, além dos critérios específicos de cada religião. Decerto, nesse contexto, não podemos tratar das questões hermenêuticas cada vez mais complexas referentes às formas básicas de argumentação ética (argumentação empírica, analítica ou transcendental--antropológica) ou de fundamentação das normas. Contudo, a referência ao humano, ao autenticamente humano, não supõe uma redução do religioso ao "puramente humano". E isto seja dito para evitar qualquer mal-entendido.

De fato, a religião sempre se mostrou mais convincente – muito antes da ideia moderna de autonomia – quando ressaltou eficazmente o humano na perspectiva do Absoluto: basta citar o Decálogo ("Dez Mandamentos"), o sermão da Montanha, o Corão, os discursos de Buda e a Bhagavadgita.

Em geral, precisamente o cristianismo, com sua larga oposição à liberdade de fé, de consciência e de religião, tirou proveito do fato de que, na sua área de influência, se cristalizou, por causa do processo moderno de emancipação, um humanismo crítico-religioso (amiúde secularizado e antieclesiástico). Este, por sua vez, estimulou nas Igrejas (não muito cristãs) uma nova realização de valores tão cristãos como a liberdade, a igualdade, a fraternidade e o respeito da "dignidade humana" (quinta-essência do humano, codificada até no Direito). Porque, mediante sua emancipação do eclesiástico e do religioso pela autonomia moderna, o humano pôde encontrar um novo lar – mais que em outras religiões – no âmbito do cristianismo.

O cristianismo, em geral a religião – exatamente num tempo de desorientação, de desaparecimento progressivo dos compromissos, de permissivismo generalizado e de cinismo difuso –, pode mostrar às consciências, além de qualquer psicologia, pedagogia e de qualquer direito positivo, por que a moral e a ética são mais do que uma simples questão de critério ou de gosto pessoal, uma convenção social; por que a moral e os valores e normas éticas adquirem uma obrigatoriedade *incondicional* e geral. De fato, só o incondicional pode obrigar incondicionalmente, só o absoluto é capaz de comprometer de maneira absoluta. E só a religião consegue fundamentar um *ethos* incondicional e geral e, ao mesmo tempo, concretizá-lo, como tem feito no decurso de milênio, às vezes bem, às vezes mal.

De todo modo, não é possível ignorar que a questão do humano pôs em marcha, também em outras religiões, todo um processo de reflexão. Assim, por exemplo, se discute no islamismo com muita intensidade a questão dos *direitos humanos,* pois é cada vez mais notório que a *sharia,* a lei muçulmana, se encontra muitas vezes numa contradição gritante em relação à Declaração Universal dos Direitos Humanos das Nações Unidas (1948): especialmente com referência à igualdade de direitos da mulher (no direito do matrimônio, do divórcio, da herança e do trabalho) e dos direitos dos não muçulmanos (proibição de determinadas profissões etc.). Tudo isso implica naturalmente questionamentos de muitas coisas do próprio Corão. Existe uma esperança de que na questão dos direitos humanos e dos *critérios éticos fundamentais* se conseguirá formar com o tempo, apesar de todas as dificuldades, um consenso elementar entre as religiões sobre as "Premissas básicas para uma vida e convivência humanas" (W. Korff) à altura da consciência humana moderna. Trata-se aqui de *convicções básicas* sobre os valores e exigências fundamentais do homem que iriam penetrando a consciência humana no decorrer de todo um processo de evolução histórica. Finalmente, porém – de modo idêntico ao da visão copernicana do mundo –, adquiriria uma validez permanente, irreversível e definitiva e, talvez até uma forma jurídica (como os "direitos humanos" ou "direitos fundamentais"), embora precisem de uma contínua revisão em suas formulações.

É indiscutível que – apesar de seus diferentes graus de consciência – operou-se nas religiões um notável progresso em humanidade. Basta pensar, por exemplo, na abolição das práticas inquisitoriais com fogo e tortura, em uso no catolicismo romano por muito tempo nos tempos modernos, ou na humanização da doutrina da "guerra santa" e nas reformas do Direito Penal realizadas nos países islâmicos mais progressistas, ou na eliminação dos sacrifícios humanos e da queima das viúvas, praticados em algumas religiões da Índia até a ocupação inglesa, embora rejeitados desde o início por cristãos e budistas indianos. Muitas conversas com pessoas do Extremo Oriente ao Oriente Próximo me convenceram de que se deverá perceber no futuro, em todas as grandes religiões, uma nova consciência em relação à defesa dos direitos humanos, à emancipação da mulher, à realização da justiça social e à imoralidade da guerra. Particularmente o movimento mundial das religiões pela paz fez notáveis progressos. Todas essas motivações e movimentos religiosos supõem um fator sociopolítico que deve ser levado a sério, como pudemos observar na Polônia, na Pérsia ou no Afeganistão. Não será possível, *invocando a humanidade comum a todos*, formular um *critério ético fundamental* orientado ao humano, ao *verdadeiramente humano, à dignidade do homem* e aos seus *valores fundamentais* correspondentes?

JÜRGEN MOLTMANN

VISÃO TRINITÁRIA ABERTA

Jürgen Moltmann (1926 -) é um dos nomes mais destacados no campo teológico na atualidade. Ele nasceu em Hamburgo, Alemanha. Na década de 1940, ainda muito jovem, teve experiências marcantes com a guerra que devastou a sua cidade, provocando inúmeras mortes e também como soldado e prisioneiro de guerra. Assim, entre tantas perguntas, uma acompanhou a sua trajetória teológica: "Como se pode falar de Deus depois de Auschwitz?".

As contribuições de Moltmann resultaram em duas importantes visões teológicas: a Teologia da Esperança e a Teologia da Cruz. Essas duas perspectivas expressam a consistência e a relevância das contribuições que o teólogo evangélico de tradição reformada confere à reflexão teológica e o valor significativo delas para as questões que marcam a sociedade. Moltmann se destaca pela maneira que envolve a Teologia com questões relacionadas ao contexto vigente, principalmente as ligadas ao ecumenismo, à área política e social, aos direitos humanos e à ecologia.

Moltmann trabalhou como pastor e professor. Como docente atuou na área de Teologia Sistemática na Universidade de Bonn e na Universidade de Tübingen, onde é professor emérito. No ano de 1964, escreveu *Teologia da Esperança* (São Paulo: Herder, 1971), que foi a matriz de seu pensamento teológico, em diálogo com o "princípio esperança" de Ernest Bloch. Nessa obra, Moltmann ousa argumentar contra as interpretações existencialistas de vários teólogos renomados como Tillich e Barth e apresenta uma escatologia que realça a mensagem cristã como resposta às possibilidades históricas. *Teologia da Esperança* é uma mensagem baseada no contexto sociopolítico dos anos de 1960, na tentativa de ser uma resposta escatológica para as crises presenciadas no cotidiano da sociedade, mas se revela bastante atual. Moltmann apresenta, sobretudo diante das catástrofes vividas no século XX, uma mensagem que procura resgatar a esperança de um mundo sem esperança. "Nós não somos só os intérpretes do futuro, mas já os colaboradores do futuro, cuja força, na esperança como na realização, é Deus" (p. 43).

Moltmann teve contato, desde a década de 1970, com a Teologia Latino-Americana da Libertação, a Teologia Negra e a Teologia Feminista, e estabeleceu com elas um diálogo crítico e desafiador, não isento de tensões. Em 2008, em visita à Universidade Metodista de São Paulo, no Brasil, Moltmann apresentou um balanço de sua Teologia da Esperança tendo em vista o referido diálogo com a Teologia Latino-Americana. Daí, o significativo subtítulo "Um testamento teológico para a América Latina" de sua obra *Vida, esperança e justiça* (São Bernardo do Campo: Editeo, 2008).

Outra questão que se tem revelado crucial no pensamento teológico do autor são os temas ecológicos. Tal preocupação, fundamental para o diálogo ecumênico, perpassa também textos sistemáticos como *Deus na criação: doutrina ecológica da criação* (Petrópolis: Vozes, 1992), *Ciência e sabedoria: um diálogo entre Ciência natural e Teologia* (São Paulo: Loyola, 2007) e *O Espírito da vida: uma Pneumatologia integral* (Petrópolis: Vozes,

1998). Essa visão impulsiona o autor a refletir sobre a paz mundial e o diálogo entre as religiões.

1. Por uma Teologia que vislumbre uma unidade aberta, convidativa e integradora

Em *Experiências de reflexão teológica:* caminhos e formas da teologia cristã (São Leopoldo: Ed. Unisinos, 2004), Moltmann articula as perspectivas do seu método teológico com a sua trajetória de vida, como lhe é peculiar no seu trabalho intelectual. Nesse sentido, então, ganham destaque os temas e caminhos teológicos marcados pelas experiências de diálogo e de aproximação ecumênica.

Moltmann apresenta os lugares da existência teológica, com destaque para a lógica plural que leva em conta simultaneamente as experiências pessoais e comunitárias, eclesiais e seculares, cristãs e não cristãs. Nesse sentido, o autor considera fundamental para o método teológico que haja articulação: a) entre a dimensão acadêmica e a popular, para não permitir que a Teologia se distancie das situações fundamentais da vida e assim perca a sua dimensão pública e a sua referência ao Reino de Deus; b) entre as visões confessionais e as críticas ateístas à Teologia e à religião, pois o caráter antiteológico da crítica moderna à religião (cf. Nietzsche, Marx e Freud) pode se tornar significativamente teológico na medida em que revela o desejo humano mais profundo; e c) entre as visões de diferentes religiões, pois elas aguçam a capacidade de se aprender a dialogar e a identificar os pontos de conflitos visando à paz.

A hermenêutica da esperança, traço fundamental da Teologia de Moltmann, é apresentada na obra em conformidade com as perspectivas já por ele consagradas: a lógica da promissão e a aliança divino-humana, esperança e futuro e a metáfora do futuro esperado e desejado. Tal perspectiva fundamenta teologicamente as possibilidades históricas de diálogo ecumênico e os projetos de paz no mundo.

O caráter ecumênico do método teológico de Moltmann se revela nos reflexos de Teologia Libertadora que ele apresenta na obra. Para isso, descreve as interpelações que a Teologia Negra nos Estados Unidos, a Teologia da Libertação surgida na América Latina, a Teologia Miniung da Coréia e a Teologia Feminista fazem ao método teológico. Ele considera que tais visões "são imagens do mundo ocidental refletidas nos olhos de suas vítimas [...] e foram desenvolvidas bem conscientemente dentro do seu *contexto* político, social e cultural, no seu *kairós* historicamente condicionado e para a camada social, grupo ou comunidade caracterizada pela espoliação, opressão e alienação" (p. 158). No entanto, Moltmann também apresenta questões que tocam a radicalização da proposta libertadora ao situar a dinâmica da opressão também no viés religioso e pergunta: "Se as formas atuais de teologias contextuais da libertação levam para além do cristianismo, onde fica então a sua identidade cristã?" (p. 251).

As reflexões culminam com a descrição da Teologia Cristã da Trindade, entendida como "lugar espaçoso" e inclusivo. Nela emerge o conceito pericorético da unidade e a experiência da comunhão. A unidade trinitária "não é uma unidade fechada em si mesma, exclusiva, mas uma unidade aberta, convidativa e integradora, assim como

Jesus ora ao Pai pelos discípulos em Jo 17, 21 ' [...] para que também eles estejam *em nós'*. Essa coabitação dos seres humanos no Deus triúno corresponde perfeitamente à coabitação inversa do Deus triúno nos seres humanos" (p. 268). Essa visão corresponde a uma promissora base teológica para uma Teologia Ecumênica das religiões.

2. Fragmento

A Teologia no diálogo inter-religioso (pp. 28-31)

O conceito do *diálogo* apresentou-se como apropriado para definir o encontro e a convivência de diversas comunhões religiosas na sociedade moderna. Mesmo que ele ainda não seja necessariamente a última palavra, toda vida multirreligiosa tem de começar com um reconhecimento mútuo, que leva a ouvir uns aos outros e a falar uns com os outros. De teólogos cristãos pode-se esperar, portanto, que eles se tornem *capazes de dialogar*. Disso faz parte o interesse pela outra religião, a abertura para a percepção do modo de vida distinto da outra comunhão religiosa e a vontade para a vida em comum, para a convivência. Contudo o caso normal numa sociedade multirreligiosa é antes a indiferença em relação à outra religião, a transformação da outra em gueto ou a encapsulação da comunhão religiosa própria e a vivência paralela desinteressada, tácita. Pois todo interesse pela outra religião e toda abertura para um modo de vida diferente naturalmente torna mutável a religião própria e vulnerável o modo de vida próprio. Muito úteis para o conhecimento da outra religião são os estudos da ciência comparativa da religião. Todo teólogo cristão formado deveria poder dizer com que outra religião ele se ocupou de modo intensivo. No entanto, é preciso estar ciente de que a Ciência da Religião não capacita para o diálogo, porque ela apresenta as religiões de maneira cientificamente objetiva, ela própria não é religiosa e não levanta a pergunta por Deus, não capacitando, portanto, para as controvérsias na disputa das religiões.

Da capacidade para o diálogo faz parte também a *dignidade para o diálogo*. Digno de participar do diálogo é somente quem conquistou uma posição firme na sua própria religião e vai para o diálogo com a autoconsciência correspondente. Somente a domiciliação na sua própria religião capacita para o encontro com uma outra. Quem cai no relativismo da sociedade multicultural pode até estar capacitado para o diálogo, mas não possui a dignidade para o diálogo. Os representantes das outras religiões não querem conversar com modernos relativizadores da religião, mas com cristãos, judeus, islamitas etc. convictos. O "pluralismo" como tal não é uma religião e nem se constitui numa teoria particularmente útil para o diálogo inter-religioso. Quem parte dessa divisa logo nada mais terá a dizer e ademais ninguém mais lhe dará ouvidos.

No diálogo sério, identifica-se o que nos é próprio na mesma proporção em que se identifica o outro. Eruditos de outras religiões frequentemente reconhecem o peculiar do cristianismo com mais precisão do que os próprios teólogos cristãos. Para o conhecimento de si próprio é importante mirar-se no espelho dos olhos de estranhos. No diálogo, porém, os parceiros obtêm um novo perfil do que lhes é próprio: *um perfil dialógico*. Quanto melhor este for elaborado no diálogo, tanto melhor os parceiros se reconhecem. Por isso, o diálogo não está em contraposição à missão: no diálogo, os parceiros tornam-se testemunhas recíprocas da verdade de sua religião — o judeu para o cristão, o cristão para o islamita, o islamita para o cristão e para o judeu. O diálogo sério não é nenhuma atividade cultural visando a *talk shows* e entretenimento. O diálogo só se torna sério quando se torna *necessário*. Ele torna-se necessário quando surge um conflito que ameaça a vida, e cuja solução pacífica deve ser buscada conjuntamente mediante o diálogo: "Se não conversarmos uns com os outros agora, iremos atirar uns nos outros amanhã". [...] Para o diálogo inter-religioso sobre o que "concerne incondicionalmente" às pessoas e no que elas colocam toda a confiança do seu coração, já o caminho é uma parte do alvo, na medida em que ele possibilita convivência em meio às diferenças intransponíveis. Enfim: o diálogo não pode ser realizado apenas por especialistas que falam por si mesmos. [...] O objetivo do diálogo inter-religioso não é uma religião unitária nem a metamorfose e o acolhimento das religiões na oferta pluralista de prestação de serviços de uma sociedade de consumo religiosa, mas a "diversidade reconciliada", a diferença suportada e produtivamente conformada.

Faz sentido diferenciar entre um *diálogo direto* e um *diálogo indireto*: o *diálogo direto* é o diálogo religioso entre as distintas religiões, as chamadas "religiões mundiais", por não estarem vinculadas a um povo, uma cultura e uma língua, mas ocorrerem em todas as partes do mundo. Nesse diálogo trata-se da confrontação e do cotejo das diferentes concepções religiosas acerca da transcendência e da salvação, da compreensão do ser humano e da natureza. É aí que o cristianismo, com sua visão trinitária de Deus, sua Teologia da Cruz, sua doutrina da salvação e sua escatologia, deverá estar representado e ser levado a sério. Contudo a ideia de que as grandes religiões mundiais possam chegar à paz entre si por meio de diálogos e contribuir com algo para a paz mundial é uma ideia ocidental, pois as religiões do Livro naturalmente estão melhor preparadas para diálogos verbais e argumentações lógicas do que as religiões meditativas e as religiões rituais. Pode-se perceber isso já pelo fato de as "religiões naturais" da África, da Austrália e da América praticamente não estarem representadas nos programas do diálogo direto.

O *diálogo indireto* tem lugar atualmente no nível local sobre questões sociais e no nível mundial sobre questões ecológicas. Não se trata aí de um intercâmbio de ideias religiosas, mas do reconhecimento comum das atuais ameaças letais ao mundo e da busca de caminhos comuns para escapar delas. O que fizeram as "religiões mundiais" para justificar a moderna destruição do mundo? O que podem elas fazer para salvar a Terra comum? Onde há forças hostis à vida, dispostas à violência e destruidoras do mundo nas religiões, e que mudanças se fazem necessárias para transformar as religiões em forças da humanidade capazes de promover a vida e preservar o mundo? Esse diálogo é *indireto,* porque não estamos falando sobre nós mesmos ou uns sobre os outros, mas conjuntamente sobre um terceiro assunto. Encontramo-nos num diálogo indireto também quando buscamos o diálogo inter-religioso para descobrir um "etos mundial" para a "paz mundial". Nesse diálogo indireto sobre questões sociais e ecológicas é que os jeitos das assim chamadas religiões "primitivas" ou "naturais" começam a expressar-se e a ser ouvidas, pois elas preservam muita sabedoria social e ecológica do período pré-industrial, que teremos de transpor para a era pós-industrial se queremos que este mundo sobreviva. Isso nos leva, no final, a uma nova definição do que seja uma *religião mundial:* futuramente poderá ser considerada uma "religião mundial" apenas aquela religião que promover e assegurar a sobrevivência da humanidade no quadro do organismo "Terra". Para isso é aconselhável prestar atenção também àquela "religião oculta da terra", da qual fala a legislação israelita do sábado: no sétimo ano, a terra deve permanecer sem cultivo, para que "a terra possa dedicar a Deus o seu grande sábado" (Lev 25). Este é o "culto a Deus" prestado pela terra.

As condições conjunturais a serem oferecidas pelo Estado para o diálogo inter-religioso, seja este direto ou indireto, são as seguintes: 1. A separação entre religião e Estado mediante a isenção do Estado em relação à religião e da religião em relação ao Estado. 2. A proteção estatal para o exercício comunitário da religião e para a liberdade religiosa individual. 3. A vigência de uma ordem legal comum para todas as comunidades religiosas da mesma forma. O Estado secular, neutro em termos religiosos, não pode permitir que, em nome de uma religião, direitos humanos e de cidadania sejam violados. Ele deve garantir a liberdade pessoal de ingressar em uma comunidade religiosa e também de deixá-la. Quem quiser tomar parte no diálogo das religiões e ser levado a sério nele deve respeitar essas condições conjunturais oferecidas pelo Estado. As religiões estão subordinadas ao direito humano à liberdade religiosa.

XABIER PIKAZA IBARRONDO

RELIGIÕES COMO CÓDIGOS DE COMUNICAÇÃO

Professor de História e Filosofia das Religiões na Universidade Pontifícia de Salamanca, na Espanha, Xabier Pikaza nasceu em Orozsko, Vizcaya, em 1941. Estudioso do diálogo entre o cristianismo e as culturas da modernidade, em especial as formas e os processos de globalização econômica e das comunicações, o autor aprofunda em perspectiva bíblica e sistemática aspectos da Teologia das Religiões.

Autor de vários livros, Xabier Pikaza, teólogo católico, possui como uma de suas áreas de interesse o tema da violência em relação às religiões. Os resultados de suas pesquisas nesse campo por mais de duas décadas estão bem apresentados na obra *Violência e diálogo das religiões:* um projeto de paz (São Paulo: Paulinas, 2008). A obra revela sua importância em especial pelo fato de ter sido elaborada no contexto de preparação do Parlamento das Religiões do Mundo (Barcelona, 2004). Nela, o autor apresenta elementos teóricos para análise do potencial dialógico das religiões, assim como a força destrutiva e geradora da violência presente nelas. Embora analítico, o livro se propõe também a ser uma plataforma teológica de paz que possa despertar a consciência adormecida de homens e mulheres que, mesmo sendo religiosos, toleram a violência.

As reflexões e pesquisas de Xabier Pikaza giram em torno de dois eixos, e eles são apresentados na referida obra. O primeiro é o estudo da paz e da violência como realidades antropológicas. Ou seja, o ser humano nasceu de intensos processos de seleção natural e, com isso, nele se conservaram determinados impulsos de viver a vida no confronto, na discórdia e na guerra com grupos ou espécies menos fortes. Como o processo evolutivo e seletivo gerou certo domínio para o humano, especialmente no controle da terra e dos astros, o foco destruidor voltou-se para o próprio humano.

Outro eixo de análise é o estudo das religiões propriamente dito, uma vez que, mesmo que elas oscilem entre a violência e a paz, parece haver uma tendência ou anseio em cada uma delas de uma reconciliação universal. Nesse sentido, são necessários esforços de compreensão, especialmente dos elementos condicionantes e conjunturais das experiências religiosas como os projetos econômicos, particularmente o capitalista, e os projetos políticos de perfil terrorista.

Esses dois eixos de pesquisa possibilitam um projeto de paz religiosa. A partir de vinte teses que fundamentam a sua proposição teológica pela paz, Xabier Pikaza defende que "a paz é Palavra, não argumento. O argumento, enquanto palavra separada da vida, é uma ideologia que plana acima da humanidade, como uma lei que se impõe sobre ela. A Igreja [e *aqui poderíamos pressupor as religiões em geral e na particularidade de cada uma delas*], ao contrário, só pode oferecer paz sendo ela mesma palavra encarnada de paz" (p. 227, grifo nosso).

1. A missão monoteísta de viver a fé em comunhão universal e em comunicação humana

Em *Monoteísmo e globalização:* Moisés, Jesus e Muhammad (Petrópolis: Vozes, 2002), Xabier Pikaza estuda o cristianismo, o judaísmo e o islamismo no quadro paradoxal da modernidade que gerou os processos excludentes de globalização econômica. As análises do autor indicam que as religiões podem contribuir para a crítica às formas de globalização desumanizada, que cresceu sob a égide do desenvolvimento técnico, do mercado e das comunicações, mas não produziu "um projeto de vida que se abra generosamente a todos, um espírito concorde, um código real de comunhão que nos permita dialogar com pessoas e alcançar a paz *universal*" (p. 16). As religiões não possuem soluções para os embates gerados pela globalização econômica, mas podem oferecer, no plano simbólico e no plano prático dos diálogos, suas inspirações proféticas e suas utopias sociais. As referidas religiões afirmam que Deus se revelou e que as comunidades que partilham desse processo revelatório respondem positivamente a ele, o que as leva ao caminho do mistério e da transcendência. Esse caminho se expressa em forma de encontro, de comunicação universal e de comunhão inter-humana, não obstante as ameaças da "ditadura" do sistema econômico e suas formas administrativas e da luta de religiões.

As relações entre religião e sociedade global são diversas. Entre as manifestações que possam representar alternativas ao sistema econômico neoliberal está o fato de as religiões se expressarem em comunidade de crentes e, com isso, vincularem presença de Deus e relação humana. Essa perspectiva reforça os espaços de convivência e os caminhos mais livres de comunicação, de pluralismo religioso, de gratuidade e de serviço à vida.

Nesse sentido, mais do que anunciar a morte das religiões ou o fortalecimento delas, o autor analisa o que chamou de missão monoteísta, caracterizada por uma retomada das raízes da experiência com Deus de cada uma delas e entre elas, em espírito de conversão e de reforma. Isso levaria as religiões a oferecerem à sociedade motivos de esperança e abertura ao futuro, de comunhão universal, de comunicação em amor em contraposição à lógica do sistema econômico neoliberal. Nas palavras do autor: "Dessa forma, as Igrejas serão lugares em que os crentes devem procurar superar a imposição, as táticas ou meios de violência, dialogando em liberdade e procurando cada qual o bem do outro, em comunhão que só é possível se houver uma experiência anterior e superior de *graça*, pois Deus se revela (encarna) em nós com amor sobre a morte (ressurreição). Fechados em si, os códigos de comunicação do sistema se tornam lei de morte, a serviço de seus controladores. Os argumentos puramente racionais acabam impondo um sistema objetivo de 'verdades' que os privilegiados (de tipo leigo ou sacerdotal) usam para defender seus privilégios. Só o descobrimento de uma graça prévia, a serviço dos pobres, e a experiência-esperança de ressurreição tornam os homens capazes de se encarnar, doando a vida uns aos outros" (p. 274).

Pikaza ainda afirma que "esta graça fundadora se expressa numa racionalidade que é forte porque não se exige dela que demonstre tudo, pois se apoia no Deus que vai além de todas as demonstrações, sendo precisamente graça. [...] O perigo do Iluminismo estava em querer divinizar-se, crendo-se capaz de encontrar (postular) uma verdade universal de tipo racional (lei), para impô-la de modo econômico-social (neoliberalismo), suscitando a opressão dos pobres e a rejeição de alguns mais convictos (muçulmanos) [...] Contrariando esta posição, com base no dom prévio de Deus, segundo as tradições religiosas, devemos afirmar que os homens são sujeitos: não estão condenados, simplesmente, ao fracasso interior ou à ditadura do sistema, pois transbordam, por graça de Deus e transcendência humana, para o imenso campo da Vida" (p. 274).

2. Fragmento

Caminho de liberdade: diálogo racional, encontro religioso (pp. 274-278)

Diálogo racional e religioso, código de humanidade – as religiões constituem âmbitos de gratuidade e comunicação, fundados na descoberta e na acolhida da transcendência do Deus que ultrapassa as razões particulares de alguns grupos e a imposição de tudo. [...] Por isso *devem renunciar a toda imposição* ideológica ou social e a todo fanatismo sectário, não por estratégia, mas por gratuidade, a partir do lugar de máxima tensão, onde os homens descobrem com mais força seus limites (seu risco de confronto e morte), mostrando-se capazes de acolher e transmitir por graça a Vida que por graça receberem, em experiência de encarnação, acima da violência de grupos particulares e da ditadura do sistema. [...]

Este transbordamento não se traduz num puro voluntarismo ou ausência de relação, mas bem ao contrário: a transcendência do Deus das religiões (e em especial da cristã) suscita códigos de comunicação em gratuidade e abre espaços em que os humanos possam se encontrar, dando-se a vida e recebendo-a uns dos outros, em esperança de ressurreição. Externamente, as Igrejas ou comunidades religiosas podem ser comparadas com outras instituições sociais (nações e estados, grupos culturais e associações humanitárias etc.), mas têm algo diferente: a experiência de gratuidade (nada se compra nem se vende: Pai), o valor infinito das pessoas (vitória sobre a morte: Filho) e o gozo da comunhão que vale por si mesma (Espírito Santo). Logicamente, as Igrejas não são necessárias para o funcionamento do sistema; nem são rentáveis em perspectiva econômica ou administrativa, mas expressam algo superior: o valor do homem como tal (Deus se encarna no pobre e expulso do sistema), o sentido divino da entrega humana e o gozo da ressurreição antecipada no amor mútuo.

Uma das características do amor cristão é querer bem às outras pessoas (indivíduos e grupos nacionais ou sacrais) tanto ou mais que a si mesmo. Isso significa que, valorizando tradições muitas vezes predominantes, a Igreja procurará não apenas o bem dos pobres (cristãos ou não), mas também o dos crentes de outras religiões. É esta a tarefa de uma Igreja que não se pode isolar (contra certo judaísmo), nem impor (contra certo islamismo), mas há de oferecer e compartilhar com outros grupos, de modo generoso, sua experiência de comunicação (cf. Mt 28,16-20).

Nesse contexto, podemos recordar que grande parte da *crítica iluminista da modernidade ocidental* viu as religiões históricas como portadoras de imposição antirracional, desejosas de poder, e não como servidoras gratuitas dos homens.

Pois bem, aceitando o valor desta crítica, por exigência das próprias religiões e superando os riscos do Iluminismo (que desembocou num sistema neoliberal opressor), queremos recordar que Deus é princípio de diálogo e racionalidade, a serviço da vida universal, a partir das rejeições do sistema, superando para isso muitas barreiras nacionais e sociais, econômicas e ideológicas.

Assim podemos falar de uma *razão social monoteísta,* aberta por graça a todos os humanos. Neste nível, nós crentes deixamos de ter um nome (judeus, muçulmanos, cristãos), para sermos só simplesmente humanos, testemunhas de Deus. Não defendemos nenhum interesse particular, nenhuma verdade messiânica de grupo, que nos leve a contar quantos somos e a dizer, com orgulho ou pesar, que somos em maior ou menor número do que outros. O monoteísmo não aprova concorrências nem imposições, de forma que todo coletivo (cristão ou muçulmano, judeu ou budista) que se considere melhor e se atreva a dizer que os outros são falsos, se engana e mente, como atesta Paulo (cf. Rm 2).

PAUL KNITTER

VISÃO DIALÓGICA

Paul Knitter é um dos mais destacados pensadores que tratam do tema da Teologia das Religiões. Nascido em 1939, nos Estados Unidos, trabalhou por quase três décadas na Xavier University, em Cincinnati, Ohio, onde é professor emérito. Ocupa a Cátedra Paul Tillich no Union Theological Seminary em Nova Iorque, onde leciona e analisa as relações entre Teologia, religiões do mundo e cultura.

Com intensa produção teológica, parte dela devedora dos processos de modernização do Concílio Ecumênico Vaticano II e da aproximação com Karl Rahner, Knitter se destacou na reflexão teológica sobre o pluralismo religioso desde a sua obra *No Other Name? A critical survey of Christian attitudes toward the world religions* [*Nenhum Outro Nome?* Um levantamento crítico das atitudes cristãs em face das religiões mundiais] (Maryknoll, NY-USA: Orbis Books, 1985). Nessa obra o autor apresentou as teses fundamentais de sua Teologia Pluralista e sua crítica às perspectivas exclusivista e inclusivista na abordagem cristã sobre as religiões. Posteriormente, juntamente com John Hick, organizou o livro *The Myth of Christian Uniqueness* [O mito da unicidade do cristianismo] (Maryknoll, NY-USA: Orbis Books, 1987), no qual, mais uma vez, a perspectiva teológica pluralista é explicitada.

Da atenção que deu à aproximação das Igrejas cristãs com outras religiões nasceu uma de suas obras de destaque: *Introdução às Teologias das Religiões* (São Paulo: Paulinas, 2008), abordada a seguir. Todavia, a sua inquietação com os principais temas que interpelam a humanidade o levou a relacionar a responsabilidade social e política com a ordem global e a demonstrar como o diálogo entre as religiões pode cooperar na promoção do bem-estar humano e ecológico. Daí, a importância de obras suas como *One Earth Many Religions:* multifaith dialogue and global responsability [*Uma Terra muitas religiões:* diálogo multifés e responsabilidade global] (Maryknoll, NY-USA: Orbis Books, 1995) e *Jesus e os outros nomes:* missão cristã e responsabilidade global (São Bernardo do Campo: Nhanduti, 2010).

Paul Knitter articula sua densa produção com uma atuação significativa no diálogo das religiões pela paz e pela justiça. Por quase vinte anos, desde 1986, participou do movimento CRISPAZ (Cristãos pela Paz em El Salvador), com sucessivas visitas à América Central. Dessa experiência resultou uma profícua aproximação com a Teologia Latino-Americana da Libertação, não meramente no âmbito de discussões conceituais e teóricas, mas especialmente no compromisso comum pela paz, pela justiça e pela libertação. Knitter atuou no Conselho Internacional da Paz Inter-religiosa, formado após o Parlamento Mundial das Religiões, realizado em 1993 em Chicago. Nos Estados Unidos da América, atuou também em projetos inter-religiosos de promoção da paz. Essa trajetória, assim como o quadro geral da obra de Knitter, está bem apresentada no livro de Albert Moliner *Pluralismo religioso e sofrimento eco-humano:* a contribuição de Paul F. Knitter para o diálogo inter-religioso (São Paulo: Paulinas, 2011).

Ao colaborar com a Associação Ecumênica dos Teólogos e Teólogas do Terceiro Mundo (ASETT), Knitter oferece indicações para um diálogo consistente entre as diferentes visões teológicas, especialmente no texto "Religiões, misticismo e libertação: um diálogo entre a Teologia da Libertação e a Teologia das Religiões", publicado no terceiro livro da série "Os muitos caminhos de Deus", intitulado *Pluralismo e libertação* (São Paulo: Paulinas, 2005) e também no prólogo do quarto livro da mesma série: *Teologia Pluralista Libertadora Intercontinental* (São Paulo: Paulinas, 2008). Portanto, no processo de diálogo entre a Teologia da Libertação e a Teologia das Religiões, Paul Knitter tem sido uma das pessoas-chave.

1. Substituição, complementação, mutualidade e aceitação: modelos de interpretação das Teologias das Religiões

Em *Introdução às Teologias das Religiões* (São Paulo: Paulinas, 2008), Paul Knitter contribui significativamente com o esforço de muitos outros teólogos em construir tipologias que ajudem as pessoas, interessadas no tema e também especialistas, a compreenderem melhor o pluralismo religioso e a necessidade premente de interpretações consistentes dessa realidade.

O título já é exemplar da proposta, uma vez que é redigido no plural: Teologias! Depois de expor os desafios para o cristianismo diante das várias realidades e a pluralidade como fato significativo da vida religiosa e cósmica, Knitter apresenta quatro modelos didáticos de compreensão e interpretação do quadro de Teologias das Religiões, os quais denominou de: a) substituição, b) complementação, c) mutualidade, e d) aceitação.

O primeiro, denominado pelo autor como modelo de substituição, parte da premissa de que há somente uma religião verdadeira. Tal perspectiva pode ser compreendida tanto como "substituição total" – e aí residem os cristãos cujo perfil ideológico é de caráter fundamentalista – ou como "substituição parcial" – compreendendo os grupos e as visões que consideram que Deus pode estar presente em outras religiões, ainda que parcialmente. A experiência religiosa baseada em Jesus é vivenciada intensamente, o que gera uma postura firme de diálogo polêmico e confrontador com as outras religiões.

O modelo de complementação tem a pressuposição filosófica de que "o Uno dá completude ao vário". Ele forjou e foi forjado no Concílio Ecumênico Vaticano II (1962-1965) no contexto católico-romano, com as contribuições de Karl Rahner, por exemplo, mas também está em sintonia com as perspectivas dialógicas modernas que marcaram o século XX. Nessa visão, o anúncio de Jesus deve, no processo de diálogo, acrescentar aos de outras religiões algo novo, mas que já estava posto e assim contribuir para que descubram que o Evangelho lhes é fecundo.

Em seguida, Knitter apresenta o modelo de mutualidade, baseado na ideia de "várias religiões verdadeiras convocadas ao diálogo". Em certo sentido, ele aprofunda a lógica dos modelos anteriores, pois pressupõe que o diálogo inter-religioso propõe-se a ser recíproco. Assim, o processo de diálogo leva os cristãos a passarem pelas transformações que eles mesmos indicam para as outras religiões, na busca de um equilíbrio entre a universidade do amor de Deus e a particularidade da encarnação desse amor em Jesus.

O modelo de aceitação parte da pressuposição de que "as tradições religiosas que o mundo apresenta são mesmo diferentes, e temos de *aceitar* essas diferenças". Nessa visão, a diversidade possui maior valorização, firmada no cultivo da tolerância, na ênfase na alteridade e na valorização da identidade distinta do outro. Não se trata de negação da unidade, mas de uma busca de equilíbrio entre unidade e diversidade.

Knitter chama a atenção para o fato de que "para conhecer a verdade, temos de estar comprometidos com a prática de comunicação com os outros; isso quer dizer conversar realmente com pessoas que são, de modo significativo, diferentes de nós, e escutá-las. Se falarmos somente conosco mesmos ou com alguém de nosso próprio grupo natural, ou se há algumas pessoas que simplesmente excluímos de nosso convívio e com quem não conseguimos nos imaginar falando, então possivelmente nos alijamos da oportunidade de aprender algo que ainda não descobrimos" (p. 32).

2. Fragmento

Uma comunidade de comunidades? (pp. 26-31)

Uma comunidade dialógica de comunidades entre as religiões mundiais é mais um sonho do que um conceito claro. Para buscar tirar algum sentido do que esse sonho contém, podemos investigar os motivos pelos quais muitos sustentam ser ele não só possível como também necessário.

Voltemo-nos primeiro para os filósofos, uma vez que seu trabalho culturalmente reconhecido é o de, em determinada etapa da história, expor, interpretar e orientar sobre como as pessoas compreendem ou deveriam compreender seu mundo e a si mesmas. Dentre as diversas escolas de filosofia presentes na cultura ocidental contemporânea, há uma que propõe certa visão da realidade que muitas pessoas comuns percebem ser verdadeira em sua vida individual: a de que o mundo e tudo nele contido estão em evolução ou em processo. Em outras palavras, não estamos em um estado de ser, mas em um processo de vir-a-ser. [...]

A própria estrutura de nossa linguagem nos impede de captar que somos relacionamentos. Começamos nossos pensamentos e falas por substantivos que são seguidos de verbos; em geral, o sujeito tem de preceder o predicado. Se pudéssemos falar e sentir a língua dos índios Hopi, formada essencialmente por verbos que servem como substantivos, poderíamos talvez ficar mais próximos da maneira que nós e o mundo realmente somos. Não somos, antes de tudo, indivíduos que entram em relação depois; mais exatamente, é nossa ação de nos relacionarmos – como o fazemos, com quem ou o quê – que faz de nós (ou dá-nos a ilusão de ser) indivíduos. Não somos "vir-a-ser" mas "vir-a-ser com". Se o "com" for tirado, paramos de existir.

A perspectiva filosófica que buscamos explorar tem em vista a multiplicidade, ou pluralidade, da criação, encarada como sendo capaz de potencial para chegar a uma unidade cada vez maior – embora na verdade não se possa dizer exatamente onde acabará esse potencial. O vário é convocado para ser uno. Porém, é um uno o que não devora o vário. O vário torna-se uno exatamente por permanecer vário, e o uno se efetua mediante cada um do vário que dá sua distinta contribuição aos demais e, assim, ao todo. É um processo que tem como meta a concentração cada vez mais penetrante de cada vário no outro e, assim, em um todo cada vez maior. Enquanto a individualização se enfraquece, intensifica-se a personalização; a pessoa encontra seu eu interior verdadeiro como parte de outros "eus" interiores. Desse modo, há um movimento que não vai em direção a uma unidade absoluta ou monística, mas em direção ao que se poderia talvez chamar de "pluralismo unitivo": pluralidade constituindo unidade. Ou, em termos mais simples, mais atraentes: o movimento vai em direção a uma comunidade verdadeiramente dialógica, em que cada membro vive e é si mesmo mediante o diálogo com os demais. [...]

Uma analogia simples talvez possa esclarecer mais e revelar a pertinência de tudo isso para nosso ponto em debate: poderíamos talvez comparar "verdade" ou "o modo de ser das coisas" ao universo estrelado à nossa volta. Ele é tão grande e tão distante que, a olho nu, realmente não conseguimos ver o que ali está. Temos de usar um telescópio. Porém, ao nos capacitar a enxergar alguma coisa do universo, nosso telescópio também nos impede de ver tudo. Um telescópio, mesmo daqueles mais potentes que os astrônomos utilizam, só consegue trazer até nós esse tanto. Isso expressa bem nossa situação humana. Sempre encaramos a verdade por intermédio de algum tipo de telescópio cultural, que nos é fornecido por nossos pais, mestres e pela sociedade em geral. A respeito dessa situação, a boa notícia é que nosso telescópio nos torna capazes de enxergar; a má notícia é que ele nos impede de enxergar tudo.

Assim sendo, o que se pode fazer? Como conseguir enxergar mais verdade do que permite nosso limitado telescópio cultural e religioso? A resposta é simples – e põe-nos em sintonia com nosso assunto da comunidade dialógica de religiões: pedindo emprestado o telescópio de alguém! Se pudermos enxergar por meio dos telescópios dos que nos são próximos – muito embora, talvez, esses novos telescópios nos pareçam estranhos e difíceis de ajustar a nossos olhos –, conseguiremos enxergar coisas que nos escapavam com os nossos. E quanto mais diferenças de fabricação e inclinação tiverem eles, mais coisas novas seremos capazes de enxergar. Com outros telescópios, realmente diferentes dos nossos, poderemos enxergar áreas do universo que nossos telescópios não eram capazes de alcançar ou não eram capazes de enfocar. E quanto mais telescópios arranjarmos para usar, mais abrangente será nossa visão e compreensão da verdade. Por conseguinte, chegamos à conclusão que nos parecia correta desde o início: conhecemos a verdade pela convivência e discussão coletiva.

Os especialistas acadêmicos e estudiosos que se pronunciam abertamente sobre o que chamamos de consciência pós-moderna oferecem-nos também um outro motivo para a necessidade de convivência e discussão coletiva: a verdade que enxergamos por meio de nosso próprio telescópio cultural e religioso não é apenas limitada, mas também perigosa. Ao não nos darmos conta de que a verdade de que dispomos é limitada, nós a percebemos como se fosse a única verdade ou a verdade inteira ou a verdade superior – não apenas para nós mesmos, mas também para todo o mundo. É aqui, nesse ponto, segundo os estudiosos acadêmicos a que nos referimos, que precisamos suspeitar de nossas pretensões acerca da verdade, pois aqui a verdade pode tornar-se ideologia. Segundo os chamados mestres da suspeita (Marx, Nietzche e Freud), bem como as mulheres e outros grupos de oprimidos, quando um grupo defende sua verdade como sendo a verdade absoluta, ele haverá de utilizar essa verdade para tirar proveito dos outros. A verdade torna-se ideologia quando um grupo, ou uma sociedade, ou uma religião segue algo rigorosamente, afirma e proclama-o como verdade não apenas porque crê que realmente assim o seja, mas também porque – dando-se conta disso ou não – esse algo sustenta-lhe o poder sobre outros.

A ideologia é o emprego da "verdade" própria de alguém como meio de promover seu bem-estar pessoal, econômico, ou de classe, às expensas de outros. A vantagem de um grupo torna-se critério de determinação do que é a verdade. Como Michel Foucault destacou, pretensões acerca da verdade facilmente tornam-se pretensões de poder. O que pode tornar perigosa a crença de possuir a verdade.

Exemplos de como a verdade perigosamente torna-se ideologia são abundantes na história de todas as religiões e culturas. Por que os pregadores cristãos diziam aos pobres que sua pobreza lhes garantiria lugar mais importante no céu? Era para consolá-los ou para evitar que se rebelassem contra os ricos proprietários de terras que amiúde contribuíam financeiramente para a Igreja? Por que os brâmanes (autoridades religiosas do hinduísmo) insistem em que o sistema de castas é exigência da eterna lei sagrada do Darma? Porque descobriram essa lei por meio de seus estudos e meditação ou porque o poder e o prestígio de que desfrutam lhes são assegurados pelo sistema de castas?

Como podemos proteger-nos contra o verme da ideologia? O autoexame não funciona. Ideologia é como mau hálito. É preciso que alguém mais diga que você o tem. É preciso falar com pessoas que usam outros telescópios para olhar o universo da verdade, para delas ouvir não apenas como lhes parecem nossas verdades, mas também como lhes afeta nossa proclamação da verdade. Talvez nos revelem como ela os exclui, avilta ou explora.

CLAUDE GEFFRÉ

PLURALISMO RELIGIOSO COMO PARADIGMA TEOLÓGICO

Nascido em Niort, na França, em 1926, Claude Geffré, um teólogo católico da ordem dominicana, situa-se no âmbito das reflexões "visionárias" (ou sonhadoras!) da Teologia das Religiões. Um sonhar que traz consigo uma provocação, um problema que o movimenta: "interrogar-se sobre o significado do pluralismo religioso no plano de Deus" ("O lugar das religiões no plano da salvação" em *O Diálogo inter-religioso como afirmação da vida* (São Paulo: Paulinas, 1997). Para construir algumas respostas e também indagações a partir dessa provocação inicial, Geffré estabelece as suas reflexões em diferentes comunidades acadêmicas e espaços de produção intelectual. Foi professor nas Faculdades Dominicanas de Saulchor, no Instituto Católico de Paris, na Escola Bíblica e Arqueológica de Jerusalém, onde foi diretor entre 1996-1999, além de colaborar em revistas como *Concilium* e na coleção de Teologia *Cogitatio Fidei*.

Embora a Teologia das Religiões permeie a produção de Geffré, ela é resultado de um empreendimento anterior em sua produção teológica: a reflexão da Teologia como hermenêutica, com uma interpretação criativa e inovadora da fé. O que pode ser sintetizado no título de um dos seus livros editados em português, *Crer e interpretar:* a virada hermenêutica da Teologia (São Paulo: Vozes, 2004). O que norteia a reflexão desse autor é essa "viração", esse questionamento capaz de criar novas leituras e concepções do cristianismo. Por isso, procura correlacionar a experiência narrativa de fé presente no Novo Testamento, a releitura dos próprios textos durante a tradição e a experiência histórica contemporânea. Com base nessa realidade provocadora, o cristianismo é questionado, indagado, reinterpretado e reimaginado.

Assim, a Teologia para Claude Geffré é um exercício hermenêutico, interpretativo, construído nesta interação triangular: narrativa-tradição-contexto. Diante disso, uma questão volta ao diálogo: qual o significado do pluralismo religioso no plano de Deus? Com essa concepção apresentada, a resposta não será dada a partir de uma "série de enunciados dogmáticos [...], mas é o conjunto dos textos compreendidos no campo hermenêutico aberto pela revelação" (p. 38). Como falar de Jesus? Como pensar a salvação? Como compreender a missão da Igreja? Não há uma resposta dogmática. Muda-se com uma visão imutável da fé cristã, orienta-se pela "viração".

Partindo das considerações de uma Teologia hermenêutica, Geffré estabelece uma Teologia das Religiões, compreendendo-a não apenas como uma nova área no arcabouço teológico, mas como um "novo paradigma teológico", um novo modo de fazer Teologia. Nesse horizonte, o autor francês permanece nos *interstícios* entre dois paradigmas clássicos na Teologia das Religiões: entre o inclusivismo e o pluralismo, entre o cristocentrismo e o teocentrismo. Ao reinterpretar a fé, Geffré não abandona concepções como a unicidade de Jesus Cristo, em sua manifestação definitiva e decisiva de Deus; não se aproxima de uma ideia de complementação e acabamento, no cristianismo, das verdades presentes nas tradições religiosas; e reconhece o "valor intrínseco" das outras religiões, enquanto caminhos misteriosos de salvação. Rompe-se com os dois lados do "diálogo", com os dois paradigmas. Busca-se um outro. Para alcançar esse espaço, Geffré aborda um tema central na Teologia das Religiões: a Cristologia; e assume o *pluralismo de princípio*, que reconhece a realidade do pluralismo religioso como vontade e automanifestação de Deus, para que a Ultimidade revele-se por meio da diversidade de culturas e religiões. Como também pensam outros autores, como Jacques Dupuis e Michael Amaladoss.

1. Os critérios para um ecumenismo planetário

A partir de uma reinterpretação da mensagem cristã diante do pluralismo religioso, as reflexões de Claude Geffré tomam corpo-teórico em seu texto *Crer e interpretar: a virada hermenêutica da Teologia* (São Paulo: Vozes, 2004), livro que já sinalizamos anteriormente. O seu lugar epistêmico permanece em uma região *entre* o pluralismo, que procura uma "Revolução Copérnica" na Teologia das Religiões, ao colocar Deus no centro do sistema religioso; e *entre* o inclusivismo, que adota o cristocentrismo ao interpretar as outras tradições religiosas a partir de uma revelação incompleta da Ultimidade, com os seus "cristãos anônimos", que se completarão, no fim, com o cristianismo. Nesse sentido, a pergunta que motiva esse autor é: "Como não cair num certo relativismo, como conciliar as exigências do diálogo e as exigências da fidelidade à unicidade do cristianismo entre as religiões do mundo?" (p. 132). É a proposta de construir um paradigma que responda ao "horizonte da Teologia no século XXI", o pluralismo religioso, mas que não caia nem em uma dimensão relativista, nem em uma visão totalitária da fé cristã.

Com esse paradigma *intersticial*, Geffré apresenta a concepção de ecumenismo planetário ou inter-religioso. Como definição, essa nomenclatura vai além de um ecumenismo confessional, doutrinal, que abarca apenas as distintas tradições cristãs. Ao falar-se em ecumenismo, volta-se à dimensão de toda a Terra habitada, a casa comum, com suas distintas tradições religiosas e formas de espiritualidade. Ao ser assim, valorizam-se as práticas ecumênicas relacionadas às grandes causas da humanidade, como a busca de uma cultura de paz na experimentação do diálogo inter-religioso.

Nesse espaço, Geffré estabelece três critérios básicos para que o diálogo na *oikoumene* aconteça: a) o respeito do outro em sua identidade própria, ao reconhecer a existência de diferenças entre as religiões, não caindo numa busca incessante de convergência religiosa, que pode levar ao *encobrimento* do outro; b) a fidelidade no que diz respeito à sua própria tradição, pois o discurso é sempre construído a partir de um lugar, um espaço de fé; e c) a necessidade de uma certa igualdade entre os parceiros no diálogo, em que um se abre à escuta da fé do outro, descobrindo que "há um além do diálogo": a transformação dos interlocutores. Não propõe uma conversão à fé do outro, mas uma "viração", reinterpretação, de suas próprias tradições.

Nessa relação que reconhece a existência de verdades diferentes e relacionais, a busca de um ecumenismo planetário necessita – segundo Geffré, com base em Raimon

Panikkar – de um critério de unidade entre as religiões. Segundo o teólogo francês, esse critério não é nem Deus nem o *homo religiousus* de uma tradição fenomenológica da religião, mas uma reflexão de um "humano autêntico". Por essa consideração, os critérios de uma unidade na casa comum das religiões situam-se num *plano ético*, relacionado ao serviço à integralidade humana, em suas causas contemporâneas; e num *plano místico*, a abertura do ser humano a uma "alteridade transformante", descentrando-se de si mesmo e lançando-se em uma Realidade Última, salto que conduz a uma salvação.

Em síntese, Claude Geffré produz uma Teologia das Religiões a partir do seu projeto de uma "virada hermenêutica da Teologia", reinterpretando a fé cristã de acordo com o contexto contemporâneo, com a presença do pluralismo religioso, com as suas interpelações fundamentais e as suas aberturas a novos horizontes. Para tanto, localiza-se em um espaço ocupado por outros teólogos que desejam a elaboração de outro paradigma para além do pluralismo e do inclusivismo. É uma fala que articula e permanece além dessas duas posições distintas. A construção de uma Teologia que interpreta o ecumenismo planetário a partir de uma elaboração *intersticial*.

2. Fragmento

Os critérios de um ecumenismo inter-religioso (pp. 143-148)

[...] Gostaria de insistir, na era da mundialização, na novidade do próprio fenômeno do diálogo inter-religioso. É justo reconhecer que se trata neste caso de uma iniciativa propriamente cristã na medida em que esta vontade de diálogo não se encontra necessariamente nos chefes ou representantes das outras tradições religiosas. Mas encontramos agora outras iniciativas não tanto do ponto de vista de um diálogo doutrinal, mas em relação às grandes causas da humanidade contemporânea. Deve-se mencionar, por exemplo, a Conferência Mundial das Religiões pela Paz (WCRP) que data de 1970 e que nasceu em Kyoto, sem falar muito de outras associações inter-religiosas. Qual é a responsabilidade histórica das tradições religiosas em relação ao futuro do ser humano e também em relação ao futuro do planeta Terra? Para medir as implicações deste diálogo inter-religioso, convém lembrar as condições assim como as dificuldades de todo diálogo inter-religioso. Vou contentar-me em insistir sobre três condições gerais.

O respeito do outro em sua identidade própria. Isto não é fácil, uma vez que temos dificuldade em assumir convicções que nos são cultural e religiosamente estranhas. É preciso tentar superar os próprios preconceitos históricos não criticados e resguardar-se de identificar com muita pressa "o já conhecido", o que pode representar algumas semelhanças com a nossa própria religião. É preciso tentar provar aquilo que o teólogo David Tracy chama *imaginação analógica*. A imaginação analógica é aquela que desvela uma semelhança na diferença, mantendo ao mesmo tempo a diferença. Trata-se de escapar do equívoco sem cair no unívoco da convergência a todo custo. Ter uma atitude hermenêutica é ter este sentido da imaginação analógica. É verdade no interior de uma tradição religiosa quando comparamos diversas teologias, diversas expressões da fé, mas também e sobretudo é verdade na ordem do diálogo inter-religioso. Há convergências, sem dúvida, principalmente na ordem espiritual, na ordem mística, quando temos que tratar de uma alteridade do ponto de vista das doutrinas. É isto que estabelece o limite do diálogo inter-religioso que também depende estreitamente do limite das culturas e das línguas.

Teoricamente – e é a chance única de uma humanidade plural – todas as línguas são introduzíveis uma das outras. Porém, enquanto não se domina a língua de uma outra tradição religiosa, corre-se o risco de permanecer no equívoco e de cair muito depressa na identificação. Com efeito, jamais se encontra totalmente a equivalência de certos termos que são termos absolutamente essenciais da experiência religiosa. Pode-se pensar nas nuanças sutis da experiência religiosa no domínio do hinduísmo, do budismo, sabendo que não temos tradução no registro das línguas do mundo greco-romano. É preciso, pois, fazer um esforço exigente para descobrir semelhança, guardando porém firmemente o sentido da diversidade.

A fidelidade no que diz respeito à sua própria identidade. Não existe mais diálogo se não estou em lugar nenhum e se pretendo, sob pretexto de abertura e de universalidade, aceder a uma espécie de cidadania mundial. Neste momento, os consensos correm o risco de desembocar no confusionismo. Ora, atualmente, é cada vez mais difícil, mesmo para os cristãos, refletir no que é sua verdadeira identidade e de compreender que todas as verdades de ordem religiosa não são necessariamente complementares, mas que são às vezes até inconciliáveis. Lugares de passagem obrigatórios fazem com que haja divergências que não são negociáveis. Pode-se sem dúvida utilizar alguns recursos do budismo e do hinduísmo como cristão, mas penso que há lógicas inconciliáveis. É preciso, portanto, manter a própria identidade se quisermos que haja um verdadeiro diálogo. E valer-se de uma religião mundial é perder a qualidade de interlocutor. [...] *Necessidade de uma certa igualdade entre os parceiros para que haja diálogo.* Isto quer dizer que, se eu apelo para a minha própria verdade, não faço imediatamente um julgamento de valor sobre a verdade dos outros. Quem diz diálogo diz abertura. Mas ao mesmo tempo, tratando-se de um diálogo inter-religioso, a maneira como eu me refiro à minha própria verdade é uma relação incondicional, no sentido de não ser uma opinião entre outras. E devo no diálogo lembrar-me que o outro tem o mesmo tipo de engajamento absoluto em relação à sua própria verdade. É esta coexistência entre o absoluto de meu engajamento e minha abertura ao que o outro representa como outro caminho para Deus que é extremamente difícil.

E, não obstante, o resultado deste diálogo é descobrir que há *um além do diálogo,* a saber, a transformação de cada um dos interlocutores. Eu sou mudado na maneira de apropriar-me de minha própria fé quando sou confrontado com a verdade do outro. E posso pensar que o outro pratica ele próprio um caminhar idêntico. Isto não quer dizer que perco a fé e que me converti a seu ponto de vista, mas relativizo a maneira como possuo minha própria verdade. Então, um e outro são conduzidos a uma interpretação nova de suas próprias tradições. Há uma transformação na maneira de ser cristão quando dialoguei longamente com o budista e há uma transformação do budista quando ele caminhou longamente com um cristão. Acho que isto culmina na celebração de uma verdade que é mais elevada e mais profunda que a verdade parcial da qual se vale cada um, mesmo se cada um está persuadido de que sua verdade é a verdade em relação à qual há um engajamento incondicional. Deveríamos evocar aqui todo o problema, filosófico e teológico, de verdades diferentes que não são forçosamente verdades contraditórias.

Se falarmos de pluralismo religioso permitido por Deus, isto quer dizer que as outras religiões não são projeções das preparações da única verdade que é a verdade contida na revelação cristã, nem desvios em relação a esta verdade. Elas são simplesmente'o estatuto de uma verdade *diferente*; e é esta diferença que é preciso pôr em prática. Deve-se reconhecer que a própria revelação cristã é inadequada em relação à plenitude de verdade que está em Deus, assim como a humanidade de Jesus é inadequada em relação à riqueza do Verbo de Deus. Ela é ainda uma tradução... Poderíamos fazer uma diferença entre o valor *qualitativo* da revelação cristã e seu conteúdo quantitativo. Este último é sempre suscetível de novas explicitações. Do ponto de vista qualitativo, a revelação em Jesus Cristo é incomparável porque ele nos fala em nome de sua proximidade com Aquele que ele chama seu Pai, e nenhuma consciência humana pode aproximar-se da consciência de Jesus. Se pensarmos que ele é mais do que um homem, então qualitativamente esta revelação é incomparável. Mas do ponto de vista de sua objetivação segundo um certo conteúdo inteligível, trata-se ainda de uma tradução contingente, relativa e inadequada.

Portanto, seria preciso habituar-se a pensar o absoluto não como um absoluto relativo, o que seria absurdo, mas como um *absoluto relacional,* e não como um absoluto de exclusão ou de inclusão. Sem comprometer o engajamento absoluto inerente à fé, é permitido considerar o cristianismo como uma realidade *relativa,* não no sentido em que relativo se opõe a absoluto, mas no sentido de uma forma relacional. A verdade testemunhada pelo cristianismo não é nem exclusiva de toda outra verdade (tal era a posição absolutista da Igreja Católica), nem mesmo inclusiva de toda outra verdade, mas ela é relativa ao que há de verdadeiro nas outras religiões. [...] A fé reclamará sempre um engajamento subjetivo incondicional da pessoa que crê. Mas há um princípio de limitação à própria fé por causa de seu caráter humano e histórico. Isto deve levar-nos a uma "prática cordial da alteridade".

ANDRÉS TORRES QUEIRUGA

TEOLOGIA NO ENCONTRO DAS RELIGIÕES

Teólogo galego, nascido em Aguiño (Ribeira), Galiza, em 1940, Andrés Torres Queiruga é um dos mais destacados pensadores europeus no campo da Teologia. A atuação como professor de Teologia Fundamental no Instituto Teológico Compostelano e de Filosofia da Religião na Universidade de Santiago de Compostela e a sua participação como membro da Real Academia Galega e do Consello da Cultura Galega conferem à Queiruga um papel importante no cenário acadêmico.

O autor foi um dos fundadores e diretor da revista *Encrucillada,* revista galega de pensamento cristão, fundada no final dos anos de 1970, num contexto de reivindicação do uso da língua galega na Igreja e nos círculos teológicos. Nessa mesma direção, atuou na coordenação da equipe de especialistas que trabalhou na tradução da Bíblia ao galego.

Autor de muitos livros, Torres Queiruga tem procurado marcar suas reflexões teológicas por um aspecto de revisão e atualização dos principais temas da fé cristã. O pensamento dele é permeado pela busca incessante do sentido histórico das ideias teológicas e, por isso, procura fazer um "retorno obediente à tradição para de novo redizê-la, na liberdade e no diálogo com a cultura, nas categorias deste tempo". Daí, o uso da expressão "repensar" ou "recuperar" no título de muitas de suas obras: *Repensar a Cristologia:* sondagens para um novo paradigma (São Paulo: Paulinas, 1998), *Recuperar a salvação:* por uma interpretação libertadora da experiência cristã (São Paulo: Paulus, 1999), *Repensar a ressurreição:* a diferença cristã na continuidade das religiões e da cultura (São Paulo: Paulinas, 2004), *Repensar a revelação:* a revelação divina na realização humana (São Paulo: Paulinas, 2010), *Repensar o mal:* da ponerologia à teodiceia (São Paulo: Paulinas, 2011).

Nas reflexões do autor, ele destaca a universalidade da revelação cristã e a vê como a forma de Deus se manifestar na história concreta da vida humana. No entanto, ele compreende a revelação cristã sempre no encontro com as demais religiões e culturas, além de considerar os aspectos conjunturais do atual contexto mundializado. O diálogo das religiões se situa, assim, em um espaço comum, exigindo a formulação de novas categorias – como a de pluralismo assimétrico, teocentrismo jesuânico, inreligionação – e propiciando um novo espírito de acolhida, respeito e colaboração entre as religiões.

Para Queiruga, "uma vez reconhecida e afirmada a presença universal da salvação, essa opção se torna mais coerente. A partir dela parece possível chegar a um difícil equilíbrio que deve dar conta de duas frentes: por um lado, manter tanto o respeito ao valor intrínseco de todas as religiões quanto o realismo de reconhecer a independência de seu nascimento e desenvolvimento na história; por outro, e também por realismo histórico e antropológico, não ceder nem ao relativismo do 'tudo é igual', nem ao achatamento do buscar a universalidade no mínimo denominador comum" (*Autocompreensão cristã:* diálogo das religiões (São Paulo: Paulinas, 2007, p. 190). O pluralismo assimétrico não anula a vocação ecumênica. Ao contrário, a redimensiona na medida em que "a 'lógica da gratuidade' deve substituir a 'lógica da concorrência' e, como está escrito, é preciso 'dar de graça o que de graça foi recebido'" (p. 191).

Outras obras de Queiruga em português que se destacam são: *Creio de Deus Pai: o Deus de Jesus como afirmação plena do humano* (São Paulo: Paulinas, 1993), *Do terror de Isaac ao Abba de Jesus* (São Paulo: Paulinas, 2001) e *Esperança apesar do mal: a ressurreição como horizonte* (São Paulo: Paulinas, 2007).

1. A autêntica identidade é forjada no diálogo

Em *Autocompreensão cristã:* diálogo das religiões (São Paulo: Paulinas, 2007), Andrés Torres Queiruga busca um modelo de reflexão teológica ecumênica pautada no diálogo inter-religioso que saiba valorizar a disposição em reconhecer o dom salvífico nas diferentes expressões religiosas, como as visões inclusivistas o fazem, e que também aproveite os espaços autênticos de diálogo, como as visões pluralistas defendem, para se construir identidades.

Queiruga defende a visão de que todas as religiões devem buscar a máxima comunhão possível como ato de resposta humana ao amor universal de Deus. Isso deve se dar isentando-se das concepções de eleição ou privilégio da parte de Deus em relação a qualquer expressão religiosa em particular. Para o autor, a partilha da fé e da experiência da vida, naquilo que é compreendido pelos grupos como o que há de melhor, num diálogo repleto de respeito e alteridade, em um complexo, mas ao mesmo tempo singelo, movimento de dar e receber é que as religiões podem se aproximar do inesgotável mistério de Deus. Ele, na medida em que é acolhido pelas diferentes religiões, passa a ser o único centro, e elas deixam de ser centradas nelas mesmas, mas passam a gravitar em torno de Deus.

O diálogo não requer a destruição da identidade – daí, o nome do livro. Ao contrário, possibilita novas compreensões da identidade própria de cada grupo. A ideia é que a verdadeira e autêntica identidade não se encontra no passado morto, mas adiante, no futuro de Deus. Nesse sentido, as identidades são enriquecidas pelo encontro e tornam-se instrumentos de conversão e uma promessa de plenitude da experiência religiosa. É fato que o diálogo requer que cada grupo religioso mantenha a sua identidade aberta, predisposta a descobertas e receptiva ao novo e às mudanças. O autor nos lembra que as experiências de diálogo destroem, sim, as identidades "narcisistas", fechadas em torno delas mesmas, não condizentes com os próprios fundamentos da fé. E mais do que isso, o autor nos lembra também que, mesmo sem um diálogo efetivo com outras religiões, o processo de revisão dos fundamentos da fé [identidade *semper reformanda*, nas palavras do autor] pode e deve se dar a partir de uma "anterioridade estrutural", de uma aguda pergunta interna para cada religião sobre a revelação de Deus. Será ela uma possessão própria ou salvação exclusiva ou será a revelação de Deus que "mantém sempre viva a gratuidade de sua transcendência e sua intrínseca destinação a toda a humanidade"?

Queiruga não ignora as realidades de violência, de disputas religiosas, de etnocentrismos e de desencontros entre as religiões. Todavia, considera que o encontro entre as religiões possa estar vivendo uma fase de florescimento. Os próprios fatores negativos tornam-se elementos constitutivos de uma nova visão, somados ao fato de a humanidade estar se tornando planetária, e tal perspectiva pode suscitar uma nova consciência dialogal. Como o autor se referiu: "[daí] poderão sair potencialidades inéditas que nem sequer estamos em condições de suspeitar e que, em todo caso, não devemos limitar de antemão. De qualquer forma, se a situação não produz a complacência do acordo expresso, mantém, isso sim, por sua vez, a sensação viva do Mistério, a não monopolização do *Deus semper maior*. E com ela, a humildade do contínuo aprendizado, sem renunciar por isso ao oferecimento gratuito, nem à íntima alegria da própria convicção" (p. 199). O autor entende a autocompreensão do cristianismo "como *culminação definitiva* da revelação de Deus na história. Insistindo, fique claro, no fato de que tal culminação não priva nenhuma religião de sua verdade específica, pois refere-se unicamente às 'chaves fundamentais', não à realização concreta, a qual é sempre deficiente por si mesma e em muitos aspectos pode estar, e de fato está, num estágio mais avançado em outras religiões" (p. 191).

2. Fragmento

O que foi adquirido? (pp. 189-193)

À base de todo o discurso esteve presente uma nova ideia da *revelação,* não mais concebida de maneira fundamentalista, como uma espécie de "ditado divino" que é preciso tomar à letra, mas como um "dar-se conta" daquilo que

Deus, desde sempre e sem discriminação, está tentando comunicar a todo indivíduo, a toda comunidade e a toda cultura. Muito unida a essa nova ideia, e em boa parte graças a ela, marcou presença também a compreensão da *particularidade* como uma necessidade da realização – de toda realização – histórica, a qual, apesar de sua destinação universal, é sempre "situada" e, pela mesma razão, se torna desigual em suas conquistas e configurações.

A queda do *exclusivismo* – hoje, felizmente, em geral por todos reconhecida – representa a consequência mais saliente e de importância decisiva para o problema. Em continuidade com essa queda, tornou-se imperioso revisar e no fim das contas abandonar a ideia da *eleição* como um privilégio pelo qual, de maneira mais ou menos "voluntarista" ou "favoritista", a divindade escolheria alguns, decidindo deixar os restantes abandonados ou no mínimo relegados a um segundo plano. Na nova perspectiva, o ponto de partida para o diálogo tem sido, pelo contrário, a constatação da universal presença reveladora e salvífica de Deus, que leva a afirmar que, a seu modo e em sua medida, *todas as religiões são verdadeiras.*

[...] [A] autocompreensão cristã acaba sendo sem dúvida tão ousada que só pode ser feita hoje com temor e tremor. E desde já obriga a uma revisão muito profunda da *Cristologia* que, seguindo o exemplo do próprio Jesus, precisa tornar-se (mais) teocêntrica. Ao fazer isso, todavia, agora também o realismo pede um delicado equilíbrio que, ao mesmo tempo em que acentua a centralidade de Deus, não desvaneça o papel único e irrenunciável da figura histórica de Jesus de Nazaré. Renunciando a entrar em especulações de segundo ou terceiro graus, como as que se referem ao "*Cristo cósmico"* ou ao *"Logos ásarkos",* o presente trabalho optou por introduzir uma categoria – a segunda – mais ligada aos dados controláveis: a do *teocentrismo jesuânico*.

Expressão um tanto difícil, mas que procura esclarecer os dois polos da árdua opção nesse campo. Mantendo com clareza o teocentrismo, abre espaços para um diálogo real e paritário com as outras religiões, às quais ninguém pode negar, em princípio, o direito à sua peculiar pretensão teocêntrica. Só depois, a *posteriori*, isto é, mediante o diálogo em que se comparam as propostas e se oferecem as razões, há lugar para a opção global de quem acolhe o teocentrismo específico que se revela na palavra e no destino do Nazareno. Razões que fundamentalmente se concentram em sua proposta de Deus como Amor sem limite nem discriminação e como perdão incondicional e, em consequência disso, como fundamento de nossa relação filiar com ele, bem como (nossa relação) de amor e serviço com os demais.

Esse esforço pelo equilíbrio estende-se para a terceira das categorias adotadas: a da *inreligionação*, a qual, reconhecendo o avanço pressuposto pela categoria da "inculturação", evidencia a necessidade de dar um passo a mais. O perigo está, de fato, em pensar que é suficiente respeitar a cultura, mesmo suprimindo-se a religião. Isso, a partir do paradigma adotado, equivaleria muito claramente à desmedida pretensão de suprimir uma presença real de Deus no mundo. Na verdade, embora o nome não apareça – só tive conhecimento de uma exceção em que foi usado –, a realidade expressa por esse nome tem uma presença marcante tanto na Teologia quanto na espiritualidade.

O DESAFIO DA QUESTÃO CRISTOLÓGICA

MARIO DE FRANÇA MIRANDA

BUSCA DE CRITÉRIOS DE DISCERNIMENTO

Padre jesuíta brasileiro, Mario de França Miranda nasceu em 1936. Ingressou na Companhia de Jesus em 1955 e foi ordenado presbítero em 1967, emitindo os seus últimos votos na Companhia de Jesus em 1975.

Autor de vários livros de Teologia, atualmente é pesquisador e professor na Pontifícia Universidade Católica do Rio de Janeiro. Trabalha temas diversos, com destaque para Antropologia teológica, inculturação da fé, Teologia das Religiões, fé cristã e pluralismo religioso e fé e sociedade moderna. Foi professor visitante na Pontifícia Universidade Gregoriana, onde ministrou a disciplina Inculturação da fé.

Padre França tem experiência como assessor teológico da Comissão Episcopal de Doutrina na Conferência Nacional de Bispos do Brasil (CNBB) e na Conferência Episcopal Latino-Americana (CELAM). Desde 1992 é membro da Comissão Teológica Internacional, da Santa Sé, e participou, em 2007, da Conferência Episcopal Latino-Americana de Aparecida, na qualidade de perito. Dessa atuação se destaca a sua obra *Aparecida: a hora da América Latina* (São Paulo: Paulinas, 2007).

Os seus primeiros escritos, motivados pelos desafios que os processos de renovação eclesial oriundos das mudanças provocadas pelo Concílio Vaticano II apontavam, giram em torno da busca de uma espiritualidade cristã contemporânea. Deles, editados por Loyola (São Paulo), se destacam: *Mistério de Deus em nossa vida* (1975), *Sacramento da penitência* (1978), *Libertados para a práxis da justiça* (1980) e *Um homem perplexo:* o cristão na sociedade (1989). Especialmente a última obra trata de temas cruciais que serão desenvolvidos posteriormente, como: o ser cristão em uma sociedade pluralista, a vivência cristã diante do individualismo moderno, a volta do sagrado e a identidade católica no cenário de pluralismo religioso.

Como pesquisador, França Miranda, com base nos estudos que fez sobre a Teologia de Karl Rahner, mas em profundo diálogo com diversas fontes do pensamento atual, tem atuado nas seguintes linhas de pesquisa: Fé cristã e modernidade, Inculturação da fé e Diálogo inter-religioso. A partir desse trabalho, destacam-se as seguintes obras, igualmente editadas por Loyola, cujos títulos são exemplares das preocupações teológicas do autor: *A Igreja numa sociedade fragmentada* (2006), *Existência cristã hoje* (2005), *Salvação de Jesus Cristo* (2004), *Inculturação da fé* (2001) e *Cristianismo em face das religiões* (1998). Anteriormente, França Miranda havia esboçado tais perspectivas em *Um catolicismo desafiado:* Igreja e pluralismo religioso no Brasil (São Paulo: Paulinas, 1996). Nessa obra, o autor procura responder a questão sobre a situação do catolicismo no Brasil no quadro pluralista crescente na sociedade. Ele defende a tese de que a experiência salvífica é o cerne da religião e o fundamento da experiência de fé. Isso nos levaria a afirmar que, pela ótica salvífica, mais vale viver autenticamente em uma confissão cristã não católica do que viver descompromissadamente no catolicismo. O autor defende também que a vivência católica deve ser plural e que deve deixar-se ser desafiada pela experiência do encontro inter-religioso, especialmente aquele que ultrapasse o nível dos debates conceituais e acadêmicos.

O autor também organizou a obra *A pessoa e a mensagem de Jesus* (2002), que retrata uma Cristologia atual, inclusiva, e que reúna as suas bases bíblicas para um diálogo com a contemporaneidade especialmente com temas como: a prática da não violência, a religiosidade pentecostal, o valor da afetividade, a vivência comunitária, litúrgica e ética.

1. O cristianismo em face das religiões

Em *O cristianismo em face das religiões* (São Paulo: Loyola, 1998), França Miranda apresenta, inicialmente, a história, o método e a finalidade da Teologia das Religiões, no estágio em que ela se encontrava no final do século XX. A pressuposição é que uma Teologia Cristã das Religiões possui como tarefa primeira elucidar mais profundamente a compreensão e a avaliação do próprio cristianismo no contexto de pluralismo religioso. Além disso, ela deverá oferecer uma visão do sentido, da função e do valor das religiões não cristãs no processo da história da salvação. E, ainda, cumprir a tarefa de uma aproximação e um confronto dialógico com outras religiões para que se possa, por meio dele, estabelecer com mais propriedade critérios de reflexão crítica sobre a prática das diferentes religiões.

A questão de fundo apresentada pelo autor é se, de fato, as religiões são mediações de salvação para os seus membros. Diante da resposta afirmativa, duas novas perguntas surgem: as religiões não cristãs são mediações salvíficas autônomas ou são realizações da salvação em Jesus Cristo efetuadas apesar ou por meio das diferentes tradições? Para respondê-las, França Miranda recorre à tipologia tríplice, sem desprezar outras, dos modelos de eclesiocentrismo, cristocentrismo e teocentrismo, sendo que o último também pode ser desdobrado em uma visão em que é possível se ter Jesus Cristo como normativo, embora não constitutivo, da salvação – como em Troeltsch e Tillich – e em outra – como a de Hick, por exemplo –, em que Jesus Cristo não teria nem a constitutividade nem a normatividade da salvação, uma vez que Deus é de tal modo transcendente e incompreensível que seria impossível julgar os seus desígnios salvíficos baseando-se em padrões humanos, ainda que religiosos.

França Miranda, ao analisar a primeira tarefa que surge com o encontro dialógico do cristianismo com outras religiões, a de se redescobrir os fundamentos da fé cristológica, realça a importância do testemunho cristão como forma de tornar realidade histórica a universalidade de Jesus Cristo como salvador. O testemunho cristão se baseia no seu núcleo fundante de amor ao próximo, sobretudo aos mais pobres e necessitados, conforme as linhas centrais do Novo Testamento expressas em Mateus 25,31-46.

Quanto à segunda tarefa, simbolizada na expressão "salvação ou salvações?", utilizada pelo autor, a perspectiva é de se reforçar as posturas de respeito aos programas salvíficos das tradições religiosas não cristãs, dar a eles um sentido teológico, mas afirmar "o critério salvífico cristão como última instância salvífica para todos, o que não elimina a dificuldade de discernir o mesmo nas outras religiões" (pp. 103-104). O diálogo inter-religioso "influirá na compreensão religiosa de cada participante, dando lugar a novas experiências e expressões. Certamente, estamos apenas no início de uma longa tarefa que enriquecerá sobremaneira o cristianismo" (p. 104).

A terceira tarefa, a de constituição de uma atmosfera de crítica e enriquecimento mútuos, é desafiadora, e somente pode dar-se em efetivas práticas de diálogo, sem a superioridade étnica, cultural e religiosa que marcou as visões ocidentais, mas também evitando certo "complexo de culpa", tipicamente europeu, em relação à atividade missionária do cristianismo nos contextos de colonização. Isso deve gerar aprendizagem mútua e poderá contribuir para a percepção da presença e da ação do Espírito Santo nas religiões não cristãs. É no diálogo, efetuado de forma autêntica, que "as marcas do Espírito vivificante poderão se mostrar mais claramente aos participantes, apontando na sua múltipla diversidade para a fonte única de toda a vida que é o Espírito da Verdade" (p. 153).

2. Fragmento

O diálogo inter-religioso em busca de sua fundamentação cristã (pp. 128-132)

[...] Permanece ainda uma questão a ser respondida. Proclama a fé cristã que em Jesus Cristo temos a revelação definitiva de Deus e a salvação para toda a humanidade. Negar esta afirmação significa a destruição do próprio cristianismo. Como reconhecer então a legitimidade, a importância e o sentido das outras religiões? Os esclarecimentos anteriores, seja do magistério eclesiástico, seja dos teólogos contemporâneos, deixam ainda sem fundamentação convincente os elementos de revelação e de salvação encontrados nas religiões não cristãs, pois tais elementos estão essencialmente vinculados à pessoa de Jesus Cristo, vinculação que constitui hoje o grande desafio teológico deste tema. Poderíamos enunciar a questão deste modo: mesmo reconhecendo a ação de Deus fora do cristianismo, mesmo admitindo elementos revelatórios e práticas salvíficas nas outras religiões, mesmo acolhendo como legítimas tais contribuições para a própria autocompreensão do cristianismo, *como esclarecer*, digamos, a característica "crítica", sem a qual perderiam elas todo seu significado para a fé cristã, que deveria então mudar sua atitude no diálogo inter-religioso?

Podemos partir de Paulo, que vê em Jesus Cristo a imagem de Deus (2Cor 4,4; Cl 1,15). O ser humano, por sua vez, não é, sem mais, essa imagem de Deus, mas foi criado segundo essa imagem (Gn 1,26s). Como ela é Jesus Cristo, para Cristo portanto deve tender o ser humano em busca de sua realização e de sua identidade. Logo, todo o sentido na existência humana para Paulo é fazer-se semelhante a Jesus Cristo (Rm 8,29; ICor 15,45-49; 2Cor 3,18). Assim, já o cristianismo antigo via Cristo como o arquétipo e o ser humano como sua imagem (representação). Quanto mais o ser humano se assemelha a Cristo, mais realiza sua salvação e mais aparece em sua verdade última (segundo Adão).

Esse tema é retomado no Vaticano II (GS 22), para o qual a chave última da Antropologia é de ordem cristológica: "Cristo manifesta plenamente o homem ao próprio homem e lhe descobre sua altíssima vocação". E mais adiante: "Feito conforme à imagem do Filho que é o Primogênito entre muitos irmãos, o cristão recebe as primícias do Espírito (Rm 8,23), que o tornam capaz de cumprir a nova lei do amor". Porém essa verdade não se limita ao âmbito do cristianismo: "Isso vale não somente para os cristãos, mas também para todos os homens de boa vontade em cujos corações a graça opera de modo invisível".

Aqui faz-se mister considerar a afirmação de Paulo: "Pois nele habita *corporalmente* toda a plenitude da divindade" (Cl 2,9). A divindade, portanto, não poderia manifestar-se a nós a não ser numa realidade não divina, a saber, na humanidade de Jesus. Realidade concreta, histórica, contextualizada, que não esgota as riquezas presentes na plenitude de Cristo glorificado. Senão Jesus Cristo deixaria de ser "ícone" para ser "ídolo".

Tenhamos presente também o que foi dito anteriormente sobre o dado antropológico, ponto de partida para o diálogo inter-religioso, ou seja, a própria estrutura humana aberta ao transcendente. Tenhamos também presente o que nos diz a fé cristã: em Cristo sabemos que esse Transcendente atua em todo ser humano por seu amor infinito. A resposta de homens e mulheres a essa interpretação divina, nas mais diversas culturas e religiões, em suas múltiplas configurações, *representa de algum modo a verdade do ser humano que tem em Jesus Cristo sua expressão perfeita, embora histórica.* "De algum modo", pois elementos de finitude e de pecado também podem estar presentes, observação que vale também para o cristianismo.

Se considerarmos devidamente a importância do contexto cultural e religioso em que vivemos, do qual dependem nossos pensamentos, emoções, experiências e decisões, devemos reconhecer que Jesus Cristo como verdade do ser humano também aparece contextualizado no Novo Testamento. Não só a Antropologia depende, como vimos, da Cristologia, mas toda Cristologia, enquanto compreensão (e interpretação) do evento Jesus Cristo, implica uma Antropologia, uma cultura, uma linguagem, uma história, uma sociedade. Daí poder a verdade de Jesus Cristo receber um aprofundamento em sua compreensão no curso dos séculos, como de fato ocorreu.

Essa mais rica compreensão pode surgir também das outras religiões, já que elas, ao tematizar a abertura do ser humano ao transcendente, sua aceitação e sua resposta, estão não só expressando a verdade do ser humano, mas também revelando características "crísticas" presentes nessa verdade, já que Jesus Cristo é a verdade última sobre o homem. Porém, tais características, enquanto expressas em outros contextos culturais e religiosos, enriquecem a compreensão cristã tradicional, tornando o cristianismo mais universal, indo ao encontro de sua própria autocompreensão. Pois, embora nossa leitura do Novo Testamento não seja exatamente a mesma dos primeiros cristãos, ainda assim distingue-se claramente da interpretação da realidade crística feita pelas outras religiões.

Naturalmente, a leitura do cristianismo levada a cabo por cristãos imersos num contexto plurirreligioso, que aceitam o desafio do diálogo inter-religioso, irá atingir outras realidades centrais de nossa fé, como a imagem de Deus, a noção de sacramento, de comunidade de fé, de salvação, de oração etc. Realmente é tarefa difícil imaginar como irá se configurar o cristianismo no próximo milênio!

A mesma reflexão poderia ser feita com relação ao que conhecemos como "práxis cristã". Se todos concordam estar seu núcleo no "amor fraterno", revela-se extremamente complexo um juízo sobre suas mais diversas concretizações, como demonstra a história da Teologia Moral no interior do cristianismo. Também aqui poderá haver um enriquecimento substancial da vivência cristã até aqui bastante confinada a determinados horizontes de compreensão. Enquanto resposta à interpretação divina feita pelo Espírito, que é o Espírito de Cristo Ressuscitado, são também configurações "crísticas" em novos contextos culturais e religiosos do mandamento do amor fraterno concretizado, ou seja, de respostas a Deus por intermédio do próprio semelhante.

Os elementos "crísticos" oferecidos pelas outras religiões têm naturalmente direitos de cidadania no interior do cristianismo. Poderíamos mesmo dizer que, na proximidade inédita das religiões no planeta, estará em melhor situação a religião que for capaz de integrar elementos "válidos" de outras sem sacrificar sua própria identidade. O cristianismo como uma religião em que a revelação de Deus acontece na própria história e cuja plenitude só terá lugar no final dos tempos, religião portanto voltada para o futuro, não deve temer o desafio das outras tradições religiosas, que muito poderão enriquecê-lo.

ROGER HAIGHT

PLURALISMO NORMATIVO

O teólogo católico estadudinense e sacerdote jesuíta Roger Haight nasceu em 1936. Sua experiência docente se deu como professor de Teologia Histórica e Sistemática na Weston Jesuit School of Theology, em Cambridge-Massachusetts, e na renomada instituição protestante Union Theological Seminary, em Nova York.

Haight tem se destacado por sua produção teológica crítica e propositiva. Autor de vários livros, tem procurado oferecer uma cuidadosa revisão das fontes bíblicas e doutrinárias do método teológico, com a constante preocupação com a transmissão da mensagem cristã para as culturas da atualidade. Dessa forma, procura repensar a fé, a revelação, o papel das Escrituras na Igreja e na Teologia. É o que o autor apresentou com precisão em *Dinâmica da Teologia* (São Paulo: Paulinas, 2004). Para ele "a adequação relativa de qualquer concepção da Teologia e de seu método só pode ser mensurada por seus resultados. Os resultados do fundamentalismo já conhecemos: uma inerte repetição do passado que falseia a própria mensagem e afugenta os ouvintes de hoje. Em contrapartida, um método hermenêutico mantém viva a tradição, reafirma-lhe sua verdade, descobre o seu sentido existencial no futuro, aplica-o a culturas e problemas modernos e, por assim proceder, estimula e nutre a vida em Jesus Cristo e em sua Igreja" (p. 275). Essa perspectiva, em linhas gerais, tem norteado o trabalho teológico do autor.

A visão crítica de Haight o tem levado até mesmo a estar sob avaliação dos setores eclesiásticos do Vaticano, como a Congregação para a Doutrina da Fé. Esse foi o caso da notificação que recebeu, em 2005, pela obra *Jesus, símbolo de Deus* (São Paulo: Paulinas, 2003). Na referida obra, o autor apresenta uma Cristologia "a partir de baixo", que valoriza a dimensão humana, que possui como base a experiência da salvação e que se articula com a dinâmica de abertura e de sensibilidade ao pluralismo religioso. Na explicitação de seu método cristológico, Haight o define como método hermenêutico de correlação crítica que busca "ser fiel ao testemunho do passado e interpretá-lo de maneira tal que seja significativo para a consciência contemporânea" (p. 151).

Dentro do referido processo de ressignificação, Haight apresenta a Cristologia realçando o caráter simbólico da linguagem religiosa e teológica. O símbolo remete a uma realidade mais profunda, estimula a busca, nos desafia à alteridade em torno daquilo que é desconhecido. Para o autor, os símbolos religiosos participam da transcendência e para ela apontam. Daí, o célebre e controvertido título: "Jesus, símbolo de Deus".

A obra causou não somente reações eclesiásticas conservadoras, mas, ao mesmo tempo, suscitou fortes debates nos meios acadêmicos e eclesiais. Isso levou Haight a apresentar, seis anos mais tarde, um novo texto: *O futuro da Cristologia* (São Paulo: Paulinas, 2008). O livro trata especialmente das questões suscitadas pela nova e emergente consciência e da valorização positiva do pluralismo religioso no mundo. O texto se propõe a elucidar, tanto para cristãos como para não cristãos, o fato de ser possível termos uma Cristologia simultaneamente pluralista e ortodoxa. Para isso, o autor procura se distanciar de respostas puramente dogmáticas e também polêmicas e de debates estreitos e sectários. Ao contrário, indica a necessidade de "uma conversação ampla, empática, mutuamente enriquecedora e implicitamente autocrítica. [...] Teólogos e teólogas cristãos são, cada vez mais, chamados a dirigir a palavra ao mundo além do cristianismo com base na premissa de que se dirigirão aos membros pensantes de sua própria Igreja somente na medida em que conseguirem entrar em contato com as pessoas que estão do lado de fora dela" (p. 186).

1. Jesus e as religiões mundiais

Na obra *Jesus, símbolo de Deus* (São Paulo: Paulinas, 2003), Roger Haight dedica um capítulo ao tema "Jesus e as religiões mundiais" (pp. 455-486), mas enfatiza que a descrição do relacionamento de Jesus com outras mediações religiosas de Deus é imprescindível para uma Cristologia que deseja ser adequada e relevante para a atualidade. Mais do que isso, Haight alerta para o fato de que tal inclusão não pode ser entendida como anexo ou adendo "ao final" de uma Cristologia, mas deve integrar o próprio método cristológico, uma vez que a abertura ao pluralismo religioso é uma característica da vida cristã.

Como o estágio de desenvolvimento da Teologia das Religiões, marcado pela vitalidade do seu crescimento e pela complexidade do debate, ainda não possibilita sínteses satisfatórias, fazendo com que tenhamos de conviver com diferentes visões, métodos e posicionamentos, o autor apresenta, logo de início, uma perspectiva da relação entre o pluralismo religioso e a questão cristológica. Ainda que reconheça a fragilidade das tipologias e mesmo a contraprodução delas quando se tornam esquemáticas e simplificadoras, Haight sintetiza as posições em torno da relação de Jesus e a salvação humana e utiliza as seguintes nomenclaturas para cada modelo: o exclusivismo, o inclusivismo constitutivo, uma posição normativa não constitutiva e o pluralismo.

O *exclusivismo* sustenta que não existe salvação alguma fora de um explícito contato e fé na pessoa de Jesus Cristo. O *inclusivismo constitutivo* é inclusivo porque defende que a salvação pode ser acessível a todos os seres humanos e é constitutivo porque considera Jesus a causa dessa salvação. A posição *normativa não constitutiva* defende a ideia de que Jesus é a norma ou medida da verdade religiosa e da salvação de Deus para toda a humanidade, ainda que não cause a ação divina salvífica, pois ela se desenrola fora da esfera cristã. O *pluralismo* reconhece a multiplicidade das religiões e do valor salvífico delas e defende que outras mediações de salvação estão ou podem estar em "pé de igualdade" com Jesus Cristo.

Haight mostra que os cristãos podem relacionar-se com Jesus como normativo da verdade religiosa no tocante a Deus, ao mundo, à existência humana e à salvação, e, ao mesmo tempo, crer que há também outras mediações religiosas que são verdadeiras e, portanto, também normativas. O autor realça o que Paul Knitter já afirmara: Jesus é "verdadeiro", mas "não o único" portador da salvação. Tal relatividade histórica leva o cristão a definir mais exatamente o conteúdo de sua fé em Jesus.

A normatividade de Jesus não exclui o pluralismo religioso, muito menos a sua valorização positiva. Ao contrário, da mesma forma que a Teologia Cristã necessita interpretar toda a realidade, ela também julgará, em sentido de discernimento responsável, as demais religiões. O próprio Jesus fez isso, como expressam os Evangelhos. O argumento remonta, portanto, à tradição judaica da imanência e da transcendência simultâneas de Deus e reafirma a tradição cristã de ver Jesus como o mediador entre o humano e o divino. Deus é sempre maior e o conhecimento dele se dá em uma dimensão de mistério. Nada e ninguém possuem a posse plena de Deus.

Sustentar que Jesus Cristo é normativo para a concepção cristã da realidade também não inibe o diálogo inter-religioso. Ao contrário, a vinculação a Deus mediado por Jesus impele ao diálogo, uma vez que a fé cristã assume que expressão humana, cultural ou religiosa alguma esgota o mistério de Deus. Nesse sentido, portanto, "como as outras religiões são mediações efetivas da graça de Deus [...] os cristãos devem abordá-las com abertura e disposição de espírito para aprender mais acerca dos caminhos de Deus no mundo" (p. 483).

2. Fragmento

O novo contexto para a Cristologia (pp. 483-486)

Como a avaliação das possíveis atitudes dos cristãos para com Jesus, em relação às outras religiões mundiais, influi sobre a Cristologia? [...] A posição refletida aqui pode ser sintetizada em duas proposições negativas. A afirmação da validade das demais religiões não compromete a normatividade de Jesus Cristo. E a afirmação da normatividade de Jesus Cristo, não simplesmente para os cristãos, mas para todos os seres humanos, não afeta a validade e a verdade contidas em outras religiões. Positivamente, pode-se e deve-se afirmar, a um só tempo, a normatividade de Jesus, o caráter salvífico e verdadeiro das outras religiões, e, portanto, a índole positiva do pluralismo religioso. Essa posição fundamental pode ser descrita de maneira mais completa em uma série de pontos.

Primeiro, o contexto do pluralismo religioso e o imperativo do diálogo, que tanto a situação como a própria fé cristã impõem, confirmam um ponto de partida histórico para a Cristologia. Reforçam também um enfoque na humanidade de Jesus de Nazaré. Quando a temática do diálogo é a fé cristã, todos os envolvidos no diálogo podem compartilhar uma avaliação de Jesus histórico. Como todo mundo conhece ou pode conhecer e aceitar que Jesus era um ser humano, e como todas as partes no diálogo podem, em princípio, concordar com uma ou outra interpretação histórica de Jesus, a primeira tarefa da Cristologia em uma situação de diálogo inter-religioso é apresentar Jesus de Nazaré. O que se exige aqui é um compromisso com a pesquisa de Jesus, no bojo de um esforço por representar o que se pode dizer acerca de Jesus e de seu ensinamento, a fim de situá-lo corretamente na história.

Segundo, na visão de Jesus aqui apresentada, ele continua sendo o que tem sido desde os primórdios da tradição cristã: aquele que medeia a salvação de Deus para a humanidade. A tarefa da Cristologia também permanece a mesma nesse particular, no novo contexto de que ora se trata: a Cristologia deve explicar de que maneira Jesus pode ser considerado portador da salvação de Deus, de modo a ser normativo para a humanidade. Jesus é portador de salvação não para um determinado grupo na história, mas para a totalidade dos seres humanos.

Terceiro, Jesus é a causa da salvação entre aqueles que o encontram historicamente quando, por sua vez, medeia um encontro com Deus enquanto amoroso criador e amigo. A salvação a que Jesus dá causa na comunidade cristã, e que é ulteriormente mediada por essa comunidade, é precisamente uma conscientização do amor de Deus para com a humanidade. E tal amor inclui essa comunidade específica e cada membro seu; o amor especificamente individual de Deus não é minimizado de forma alguma por sua infinita expansão e escopo. Deus é revelado naturalmente como um amor presente, ativo e efetivo, em ação em toda a humanidade, e, portanto, nas religiões que explicitamente orientam a liberdade humana na direção da auto-transcendência e da realidade última. O amor de Deus revelado em Jesus não pode ser menos que isso; Deus criador ama toda a criação e enceta um ativo diálogo com todos os seres humanos, de forma historicamente mediada. Por conseguinte, Jesus revela algo que se desenrola desde os primórdios, algo que é anterior e exterior à sua própria influência.

Quarto, a etapa fundamental ou ponto de transição para a posição pluralista é o colapso de um nexo causal entre Jesus de Nazaré, que constitui a base da Cristologia, e a salvação que, de acordo com a fé cristã, se processa fora da esfera cristã. Na ausência de algum nexo histórico, todos esses liames só podem parecer inferenciais, especulativos e tênues; de forma alguma se afiguram realmente necessários. Quando se reconhece que a ação criadora de Deus é sempre realidade, e que a amorosa presença pessoal de Deus não pode ser dissociada de sua presença criadora, não subsiste razão para delinear uma metanarrativa que faça da vida histórica de Jesus uma causa do amor salvífico constante e sempre presente de Deus.

Quinto, porque Deus é salvificamente presente para outras religiões, outras representações de Deus podem ser universalmente normativas, e, portanto, também para os cris-

106

tãos, ainda que Jesus Cristo seja universalmente normativo. Toda atenção devida há de ser dispensada ao princípio da não contradição, em se tratando da avaliação dessas normas, tanto quanto à historicidade de todas as concepções humanas e da transcendência da realidade última. Entretanto, o reconhecimento da influência salvífica universal de Deus transforma o pluralismo religioso em uma situação positiva, na qual se pode aprender mais acerca da realidade última da existência humana do que o que se acha disponível em uma única tradição. De certa maneira, a afirmação da verdade das outras religiões consiste em uma extensão desse simples discernimento do senso comum. É difícil acreditar, hoje em dia, que uma única religião seja capaz de dispor da plenitude da verdade acerca da realidade suprema.

Sexto, como corolário para a Cristologia, a posição pluralista provê uma base para a seriedade religiosa do diálogo inter-religioso. O propósito do diálogo inter-religioso vai além de uma pragmática harmonização com os outros, embora tal intenção não deva ser desconsiderada. Na proposta pluralista cristã, Deus não está distante de nenhum membro da família humana. E, como religião de salvação, os lugares em que a presença de Deus é mais claramente reconhecida são aquelas profundas experiências negativas de contraste que, em si mesmas, reclamam espontaneamente reversão e suspensão. Os vários níveis de culpa universal humana, de opressão, de sofrimento e de morte configuram um contexto humano em que pessoas de diferentes tradições podem começar a exprimir suas concepções de realidade última.

A alguns, as considerações teológicas acerca da atuação de Deus em outras religiões, tanto quanto em Jesus, talvez possam parecer até certo ponto ameaçadoras. Não colocará em risco a certeza envolvida na experiência de que Deus agiu em prol da salvação humana em Jesus de maneira peremptória, definitiva, incomparável e absoluta? É difícil perceber, no entanto, como o reconhecimento da atuação de Deus em outras mediações religiosas compromete, de alguma forma, o sentimento radicalmente afirmador de ser tratado por Deus e a ele unido por meio de Jesus. A presença salvífica de Deus em Jesus Cristo não é de maneira alguma fortalecida pela ausência de Deus no restante do mundo. Com efeito, a incapacidade de reconhecer a presença de Deus em outras religiões torna, logicamente, a presença de Deus em Jesus menos provável. Se Deus estivesse ausente de todas as religiões do mundo, o que encorajaria a confiança na presença de Deus em Jesus? Em contrapartida, nada é subtraído à fé cristã quando se afirma a presença de Deus nas demais religiões. Jesus permanece como uma norma. [...] Em última análise, o temor de que alguma coisa se perca, ao se conceber Deus atuante em outras religiões, baseia-se em uma premissa de competição entre as religiões. Se o cristão pode depender de Deus o suficiente para afastar essa premissa e ver Deus em ação em todas elas, boa parte da ameaça seria transformada em curiosidade explícita a respeito de outras religiões. Muitas pessoas que pressupõem a historicidade e não conhecem nenhuma alternativa já experienciam isso. Acham as doutrinas tradicionais ininteligíveis quando transliteradas, em vez de interpretadas. Em contrapartida, abrem-se a outras religiões mesmo quando comprometidas com Deus tal como mediado por Jesus. O pluralismo religioso não precisa ser ameaçador nem para a Cristologia nem para a consciência da fé cristã em geral. Pelo contrário, integra o contexto atual para a reflexão sobre a realidade misteriosa de Jesus Cristo.

Jacques Dupuis

PLURALISMO INCLUSIVO

O espaço da fronteira é um ambiente de encontros e desencontros, travessias e retornos, limites e rompimentos. No entre-lugar fronteiriço, as identidades constroem-se e rompem-se. A rigidez cede lugar à linha tênue das margens, às relações *agônicas*, aos debates e conflitos, às negociações entre os espaços. A fronteira soa movimento e instabilidade, busca do novo. Assim é a produção teológica e a vida de Jacques Dupuis (1923-2004), teólogo católico vocacionado à causa ecumênica.

Nascido na Bélgica, na cidade de Charleroi, e filho de uma família católica, Dupuis logo caminha rumo à vida religiosa entre os jesuítas. Mas em sua juventude decide se lançar por outras andanças: escolhe ser missionário na Índia. Em 1948, toma esse rumo e faz do outro país a sua casa e o terreno em que a sua vida se erige por trinta e seis anos. O teólogo belga viveu a Índia: em sua acolhida e acompanhamento de monges tibetanos; em seu respeito, aprendizado e diálogo com as tradições religiosas e culturas locais; em sua aproximação da causa dos povos dessa terra e sua compaixão por eles. O jovem europeu se depara com a face e com o jeito de outra gente, com outras espiritualidades, outras palavras sagradas, outros povos.

Na relação com as experiências religiosas e a cultura indiana, Dupuis constrói a sua produção teológica guiado pela preocupação desafiante da relação de Jesus Cristo com as outras religiões. No movimento missionário de saída de seus limites e identidades fixas, a pergunta "E vocês, quem dizem que eu sou?" faz da vida do teólogo a sua morada. Enquanto busca refletir sobre esse dilema que o encontrou no entre-lugar, Dupuis produz, escreve artigos, livros, organiza revistas, profere palestras, aulas em Universidades – como a Universidade Gregoriana e Instituto de Estudos Religiosos de Nova Délhi – assessora bispos na Índia e organismos ecumênicos, como o Conselho Mundial de Igrejas, e silencia e escuta outra fé, outras gentes, outras vozes.

Dupuis constrói, assim, uma Teologia nômade, que caminha entre as posições clássicas da Teologia Cristã das Religiões. Se os modelos são exclusivista (eclesiocêntrico), inclusivista (cristocêntrico), pluralista (teocêntrico), Dupuis produz na região fronteiriça: o pluralismo inclusivo (cristocentrismo teocêntrico). Esse novo modelo reconhece e acolhe o *pluralismo de princípio*, entendido como realidade e vontade de Deus para que ele se revele através da diversidade de culturas e religiões; reconhecendo a unicidade de Jesus Cristo como revelação do amor de Deus para com a criação e a humanidade e o "valor intrínseco" das outras religiões, enquanto vias misteriosas de salvação.

A produção teológica de Jacques Dupuis – situando-se nos limites fronteiriços, seja nos espaços geográficos ou nos de produção acadêmica – traz novas perspectivas à Teologia Cristã das Religiões, acontecendo colada ao cotidiano, em que se relacionam e se ligam mundos vividos em seus movimentos de fé e espiritualidade; e permanecendo além de modelos fixos de hermenêutica do pluralismo religioso. A biografia teológica de Dupuis sinaliza a sua vontade incessante de se aproximar de outras experiências de fé e beber de suas fontes, numa atividade de humildade, diálogo e encontro com o sentido maior da vida. Mas dessa posição resultou, em 2001, uma notificação pela Congregação para a Doutrina da Fé, que considerou as suas ideias capazes de fazer "emergir algumas ambiguidades e dificuldades sobre pontos doutrinais de grande relevo".

Em síntese, a proposta do imigrante Dupuis é envolta na paixão pelo encontro, pelo compromisso com um Deus que é graça e mistério, pelo embate diante das identidades absolutas e excludentes – eclesiocêntricas demais – e pelo incessante sonho da construção de uma Teologia que esteja sempre a caminho, nunca fechada e estática, mas *rumo a*, em constante movimento.

1. Um novo modo de se pensar a Teologia: por uma Cristologia reinocêntrica

Ao adentrar os espaços de reflexão sobre a Teologia Cristã das Religiões, Jacques Dupuis procura produzir Teologia no contexto da práxis do diálogo inter-religioso, procurando, assim, uma "reflexão teológica *sobre* o diálogo e *no* diálogo" e – a partir do horizonte do pluralismo religioso – elaborar "um novo modo de fazer Teologia". É o que traduz a sua obra *Rumo a uma Teologia Cristã do Pluralismo Religioso* (São Paulo: Paulinas, 1999).

Para alcançar tal empreitada, Dupuis procura se confrontar com o que é considerado por ele como centro da Teologia das Religiões: o problema cristológico. Quem é Jesus de Nazaré? O que implica seguir Jesus diante das realidades do pluralismo? A proposta, aqui, é revisitar a Cristologia e realizar essas questões constantemente. Esse caminho adotado procura assumir o cristocêntrismo, não anulando, porém, o horizonte teocêntrico: "Mediante o Filho, somos reconduzidos ao Deus que é Pai. O cristocentrismo pede o teocentrismo". Essa reflexão cristológica, sem permanecer fincada no inclusivismo ou no pluralismo, é a articulação fronteiriça construída por Dupuis em sua Teologia, um cristocentrismo teocêntrico.

Nesse sentido, Dupuis propõe uma reflexão cristológica que pode ser apresentada em três eixos principais: a) uma Cristologia integral; b) uma Cristologia trinitária e pneumática; e c) uma Cristologia reinocêntrica. Para iniciar, a busca de uma reflexão integral da Cristologia implica assumir como ponto de partida a vida de Jesus de Nazaré, em seu seguimento e em sua prática. Busca-se, a seguir, a sua totalidade – Jesus é o Cristo –, articulando dados complementares aparentemente contraditórios do mistério de Jesus Cristo, conjugando as visões "de cima" (a partir do Filho de Deus) com as "de baixo" (a partir de Jesus de Nazaré). Afirma-se, ainda, a fé na unicidade de Jesus e a sua universalidade, mas se reconhece que Jesus não pode ser absolutizado. Nenhuma dimensão concreta assume o lugar da Ultimidade e nenhuma contingência histórica limita a ação do Absoluto. Deus é maior que Jesus.

Uma Cristologia trinitária e pneumática procura repensar o mistério cristológico no âmbito das relações intratrinitárias, numa concepção do *Filho-de-Deus-feito--homem-na-história*. Por essa razão, Dupuis acredita que não se pode permitir que a centralidade histórica do evento-Cristo encubra a estrutura trinitária da economia divina. Jesus Cristo não substitui o *Abba*. Não é fim ou meta, mas caminho, travessia. O Pai é a realidade última que se lança em salvação e para o qual trilha a vida de Jesus. Assim também é compreendida a relação com o Espírito, *ruah*, que se movimenta e se mostra como guia, permanecendo quer antes quer depois do evento histórico de Jesus Cristo. Mas também a presença do Logos não encarnado que persiste também depois da encarnação (Jo 1, 14), não se limitando a ela. Assim, se Jesus é imagem de Deus para o mundo, outras "vias de salvação", remete-se ao salvador, que é o próprio Deus, também podem ser iluminadas pelo Verbo de Deus e podem receber o vento do Espírito, que imerge numa presença de amor.

Por fim, uma Cristologia reinocêntrica propõe que a mensagem central de Jesus de Nazaré não foi ele mesmo, mas o reinado de Deus, que coloca o Abba no centro da ação de Jesus. Assim sendo, as fronteiras são alargadas, as concepções sobre a centralidade da vida cristã são transformadas. Fala-se, agora, em universalidade do Reino e da ação de Deus. Consequentemente, participantes de experiências religiosas distintas podem seguir a vocação por meio de suas tradições religiosas e responder ao convite de Deus em seu mistério, tornando-se membros ativos do reinado do Abba.

2. Fragmento

Convergência histórica e escatológica (pp. 529-531)

Complementaridade e convergência [são] repetidamente citadas [em] nossa exposição. Um caso que foi mostrado é que pode existir convergência entre as "faces do mistério divino" propostas pelas outras tradições religiosas e o mistério da Trindade divina revelado em Jesus Cristo. Outro exemplo é quando foram descobertos, dentro de outros "caminhos de salvação", valores complementares aos que são propostos pelo "caminho cristão", justificando assim a afirmação de uma complementaridade entre as várias tradições.

Tal complementaridade [...] não deve ser entendida unilateralmente como se os valores encontrados fora do cristianismo encontrassem univocamente "consumação" nos valores cristãos e fossem destinados a ser meramente "integrados" no cristianismo. Trata-se de uma complementaridade recíproca, na qual uma interação dinâmica entre as duas tradições tem como resultado um enriquecimento mútuo. [...] Como exemplos: a simbiose entre a "não dualidade" (*advaita*) da experiência mística hindu e o mistério da comunhão interpessoal no Deus uno e trino da tradição cristã; e a "gnose agápica" dos cristãos e a "*agápe* gnóstica" dos budistas.

A complementaridade recíproca possibilita mútua convergência. É tarefa do diálogo inter-religioso transformar em realidade concreta a convergência potencial inerente às tradições religiosas. [...] Referimo-nos também ao mistério da comunhão no Espírito que existe entre os interlocutores do diálogo, que brota da coparticipação deles na realidade universal do Reino de Deus. Essa comunhão antecipada garante a possibilidade da convergência efetiva por meio do diálogo – no total respeito às diferenças entre as diversas adesões de fé.

O diálogo entre as fés contribui assim para a construção do Reino de Deus na história. Como sabemos, isso permanece orientado para sua plenitude escatológica no fim dos tempos. É lícito pensar que a convergência entre as tradições religiosas atingirá também ela sua meta na plenitude do Reino de Deus. No *éschaton* haverá lugar para uma "recapitulação" (*anakephaláiõsis*: Ef 1,10) escatológica em Cristo das tradições religiosas do mundo, que respeitará e salvaguardará o caráter irredutível impresso em cada tradição pela automanifestação de Deus por intermédio do seu Verbo e do seu Espírito. Tal recapitulação escatológica vai coincidir com a "perfeição" última (*teléiõsis*) do Filho de Deus como "causa de salvação eterna" (Hb 5,9), cuja influência permanece sujeita, até essa consumação final, a uma "reserva escatológica". Realizado o Reino de Deus, chegará o fim, "quando Cristo entregará o Reino a Deus Pai [...]. E quando todas as coisas lhe tiverem sido submetidas, então o próprio Filho se submeterá àquele que tudo lhe submeteu, para que Deus seja tudo em todos" (1Cor 15,24-28).

Portanto, parece possível falar, seguindo o padre Teilhard de Chardin, sobre uma "maravilhosa convergência", que se dará no *éschaton,* de todas as coisas e de todas as tradições religiosas no Reino de Deus e no Cristo-*omega;* sobre uma "mística da unificação" para a qual se orientam juntos o cristianismo e as tradições religiosas do Oriente. Tal convergência escatológica de modo algum obscurece o evento histórico de Jesus Cristo; ele é o fim (*omega*), porque é o começo (*alpha*), o "eixo central". É nesse sentido escatológico que Teilhard olha para uma "convergência geral das religiões" no "Cristo-Universal": "uma convergência geral das religiões num Cristo-Universal que finalmente satisfaça a todas: eis, no meu modo de ver, a única possibilidade de conversão do mundo, a única forma imaginável para uma religião do futuro". A plenitude escatológica do Reino de Deus é a consumação final do cristianismo e das outras religiões.

JOHN HICK

HIPÓTESE PLURALISTA

A reflexão teológica se relaciona com trajetórias de vida, com caminhos e experiências cotidianas, com encontros e embates entre sujeitos. Isso não é diferente em John Hick (1922 - 2012). Um destacado teólogo e filósofo, oriundo da tradição presbiteriana da Inglaterra, espaço em que foi ordenado, atualmente Igreja Unida Reformada.

Hick ensinou em distintas universidades tanto na Grã-Bretanha quanto nos Estados Unidos. Junto a isso, por 25 anos estabeleceu diálogos com budistas no SriLanka, nos Estados Unidos e no Japão, com judeus e muçulmanos na Inglaterra e nos Estados Unidos, com judeus em Israel, com hindus na Índia e no Ocidente e com siques no Punjab. Hick também foi um dos fundadores do grupo de Encontro Teológico Budista-Cristão e do grupo internacional judeu-muçulmano-cristão de diálogo entre eruditos. Essas relações sinalizam, para o próprio John Hick, o valor da *convivência* entre pessoas de distintas experiências de fé para a construção de uma Teologia Cristã do Pluralismo Religioso e a para a própria prática do diálogo inter-religioso.

Esse teólogo envereda-se pelas produções e reflexões sobre o pluralismo e as suas implicações para a Teologia Cristã na perspectiva dos novos rumos hermenêuticos: a hipótese pluralista (teocêntrica), distanciando-se das ideias exclusivistas e inclusivistas. A proposta reconhece as tradições religiosas distintas do cristianismo como legítimas e autônomas no processo de salvação. Para isso, propõe o rompimento com as ideias da constitutividade salvífica de Jesus Cristo e a retirada de Cristo do centro do sistema solar religioso, colocando em seu lugar a Realidade Última, o Real. É a chamada "Revolução Copernicana". Uma transformação que resulta em convites para revisitar as teses centrais do cristianismo e reconstruí-las.

Em *A metáfora do Deus encarnado* (Petrópolis: Vozes, 2000), John Hick aprofunda as questões cristológicas e ao indagar sobre elas conclui: "Considere-se a crença de que existe uma Realidade transcendente última que é a fonte e o fundamento de todas as coisas; que essa Realidade é benigna em relação à vida humana; que a presença universal dessa Realidade é refletida ('encarnada'), humanamente falando, nas vidas dos grandes líderes espirituais do mundo; e que entre estes todos encontramos Jesus como nossa principal revelação do Real e nosso principal guia para a vida" (p. 219). Tal perspectiva suscita, entre outras, as seguintes questões: Quem é Jesus Cristo? Como crer na encarnação? O que é entendido por salvação?

A proposta de Hick rompe com uma visão absolutista da tradição cristã, convocando-a a ser um "cristianismo que se vê uma religião verdadeira entre outras". Uma cor diante do grande arco-íris das religiões, transpassada pela luz do Real, que no horizonte cristão é chamado de Deus. Trata-se de "uma fé cristã que assume ser Jesus o nosso guia espiritual supremo (mas não necessariamente único), o nosso senhor, líder, guru, exemplar e mestre pessoal e comunitário – mas, não o próprio Deus em termos literais" (p. 218). E o mesmo Hick considera ser o "cristianismo como um contexto autêntico de salvação/

117

libertação entre outros, que não se opõe a, mas interage de formas mutuamente criativas com os outros grandes caminhos" (p. 218).

As ideias de John Hick estão presentes em distintas obras e artigos, a grande maioria não traduzida para o português. Tais obras sintetizam a vontade intelectual desse teólogo reformado na busca de contemplar a beleza da Realidade Última em sua luz, por meio das distintas cores do arco-íris das religiões, em seu pluralismo de princípio.

1. O arco-íris do Real

Em *Teologia cristã e pluralismo religioso: o arco-íris das religiões* (Juiz de Fora: PPCIR, 2005), John Hick estabelece um frutífero debate sobre o que chamou de hipótese pluralista e o apresenta na criativa forma de diálogo entre o autor, Fil e Graça, representantes das questões oriundas do pensamento filosófico e do teológico respectivamente.

Como se sabe, no âmbito da Teologia cristã do pluralismo religioso, a questão cristológica precisa ser revisitada. Trata-se de oferecer outros olhares sobre conceitos centrais da fé cristã. Esse é um caminho que é traçado por John Hick, ao reinterpretar concepções clássicas, como, por exemplo, o dogma da encarnação: o "Filho-de-Deus--feito-homem".

Com base na hipótese pluralista, em que é reconhecido o pluralismo religioso de princípio como manifestação do Real, a concepção de encarnação não pode ser vista em seu sentido literal, fechado, mas em sua abertura metafórica, carregada de novos significados. O encarnar-se é uma metáfora, não algo estabelecido exclusivamente, em que duas naturezas completas (humana-divina) convivem na pessoa de Jesus como algo indissociável.

A encarnação, ao ser interpretada metaforicamente, refere-se a uma abertura dos seres humanos à Realidade Última, que no cristianismo chama-se Deus, em relação e obediência. Assim, qualquer pessoa humana que realiza a vontade divina, lançando-se nela, é uma encarnação de Deus na Terra, como Jesus, um exemplo notável dessa metáfora. Hick é consciente de que "do ponto de vista da liderança eclesial, isso é descrença. Do ponto de vista de um crescente número de membros da Igreja que deram um passo nessa direção, isso constitui maior realismo e honestidade" (p. 30).

Esta ideia do lançar-se ao Real é fundamental nas teses de John Hick. É o centrar-se na Realidade Última – o fundamento de tudo, não esgotável, "finalmente real" – descentrando-se de si, do ponto de vista "egóico", a fonte do egoísmo e da injustiça. Essa mudança, o recentramento no divino e não em si mesmo, é o que pode ser chamada de salvação/libertação na teologia de Hick. Assim, a mediação salvífica em Jesus Cristo é questionada. Jesus é tomado, aqui, como um excepcional modelo de "frutos morais", radicalmente aberto ao Real/Deus e sinal do seu amor no mundo, na partilha dos sofrimentos da vida humana, na permanência ao lado dos corpos empobrecidos e no trabalho em prol da justiça e da paz. Não é visto como salvador, o que cabe apenas à Realidade Última. Salvação/libertação é, portanto, a transformação profunda do ser humano operada no processo de busca e encontro com o Real (salvador último) e identificada pelos frutos (critérios éticos); é sinal da encarnação divina na história. Aqui se encontra também um importante critério para se compreender as distintas religiões como possíveis caminhos de salvação/libertação: "pelos frutos conhecereis a árvore".

Como conclusão, a hipótese pluralista de John Hick compreende o Real como centro do sistema solar religioso (não a pessoa de Jesus ou a Igreja) e reconhece que o pluralismo religioso é um meio pelo qual o Real também se apresenta, mostra-se. Porém, esclarece que as experiências religiosas não o dominam. A luz perpassa o vitral, evidencia as suas cores em sua pluralidade, mas não permanece fixa, está em movimento. Assim – de acordo com as concepções epistemológicas *kantianas* –, Hick interpreta cada experiência religiosa (*phenomenon*) como reflexo humanamente percebido da Realidade Última (*noumenon*).

2. Fragmento

Salvação (pp. 39-41)

Concentremo-nos na ideia de salvação, uma ideia que é absolutamente central para o pensamento cristão, tanto em sua versão tradicional quanto em sua versão revisionista. Se definirmos a salvação como o perdão e a aceitação por Deus pela morte expiatória de Jesus, então temos a tautologia de que o cristianismo é o único, a saber e ensinar a verdade salvífica, segundo a qual devemos aceitar Jesus como nosso Senhor e salvador, confessar sua morte redentora e ingressar na Igreja, entendida como a comunidade dos redimidos, na qual abundam os frutos do Espírito. Todavia, vimos que este círculo de ideias contradiz nossa observação de que os frutos do Espírito parecem ser tão (ou tão pouco) evidentes fora da Igreja quanto dentro dela. Sugiro que deveríamos continuar a seguir a pista fornecida por estes frutos; pois Jesus evidentemente se preocupava mais com a vida dos homens e mulheres do que com qualquer conjunto de proposições teológicas que pudessem ter em suas cabeças.

De fato, em sua parábola das ovelhas e dos cabritos, o critério de julgamento divino é simplesmente este: se demos de comer aos famintos, se acolhemos o estrangeiro, se vestimos os desnudos, e se visitamos os doentes e prisioneiros (Mt 25,31-46) – em outras palavras: se nossas vidas revelaram os frutos do Espírito. Suponhamos, então, que definimos a salvação de um modo bastante concreto, como uma mudança efetiva nos seres humanos, uma mudança que pode ser identificada – quando pode ser definida – por seus frutos morais. Descobrimos, então, que estamos falando de algo que faz parte do interesse central de cada uma das grandes religiões mundiais. Cada uma delas nos chama, a seu próprio modo, a transcender o ponto de vista egóico, que é a fonte de todo egoísmo, cobiça, exploração, crueldade e injustiça, e a nos recentrar naquele mistério último para o qual, em nossa linguagem cristã, usamos o termo "Deus". Devemos ser, nas palavras (transpostas a uma linguagem inclusiva) da *Theologia Germanica,* para a Eterna Bondade, aquilo que nossas próprias mãos são para nós. Em termos muçulmanos, devemos submeter-nos absolutamente a Deus, cumprindo sua vontade e encontrando nisso a plenitude de nossa humanidade. Em termos judaicos, devemos viver com alegria e responsabilidade, em concordância com a *Torá* de Deus, aí encontrando, de igual modo, a plenitude de nossa humanidade. Em termos hinduístas, para citar Radhakrishnan, "consciência e a vontade divinas devem tornar-se nossa consciência e vontade. Isto significa que nosso próprio 'eu' deve deixar de ser um eu privado; devemos abandonar nossa vontade particular e morrer para o nosso ego ao abandonar, nas mãos do divino, toda sua natureza, sua consciência e caráter". E em termos budistas, para citar um dos principais expositores contemporâneos do budismo no Ocidente, Masao Abe, "a salvação budista não é [...] outra coisa que um despertar para a realidade através da morte do ego", um despertar que se expressa na compaixão para com toda vida capaz de sensação.

Sem que seja preciso prosseguir mais além nesta direção, penso ter ficado claro que as grandes tradições pós-axiais, inclusive o cristianismo, estão voltadas para uma transformação da existência humana, transformação esta que o leva do autocentramento para um recentramento naquilo que, em nossa inadequada terminologia humana, chamamos Deus, ou Realidade Última, ou Transcendente, ou ainda Real. Entre estas opções proponho-me a usar o termo "o Real, não por ser este adequado – não há termo adequado –, mas porque é algo costumeiro, na linguagem cristã, pensar acerca de Deus como aquele que é o único finalmente real; e porque o termo também corresponde ao sânscrito *sat*, e ao árabe *al-Haqq*, tendo paralelos ainda em outras línguas. E o que, de várias formas, se denomina de salvação ou libertação ou iluminação ou despertar consiste nesta transformação do autocentramento o centramento-na-Realidade.

DIÁLOGO E MISSÃO

JOSÉ COMBLIN

CRÍTICA AOS PROJETOS MISSIONÁRIOS DOMINADORES

Um dos teólogos de maior destaque no cenário mundial, José Comblin (1923-2011), sacerdote católico, viveu no Nordeste do Brasil por várias décadas, mas teve também passagem pelo Sudeste do país, onde lecionou em diferentes lugares. Assessorou a Juventude Operária Católica e grupos rurais, quando se destacou com uma inédita metodologia de estudos que, no início dos anos de 1970, ficou conhecida como "Teologia da Enxada". Atuou também no Equador e no Chile, onde igualmente se destacou na área do ensino e da produção teológica e da pastoral popular; fundou seminários rurais, cujo foco era a formação de sacerdotes e de leigos que respeitasse e valorizasse a cultura camponesa. Também promoveu cursos para professores e professoras de religião sistematizando fundamentos bíblicos, teológicos e pastorais para lideranças populares.

Comblin pôde acompanhar e assessorar o trabalho de bispos que se destacaram no processo latino-americano de renovação eclesial. Com D. Leônidas Proâno, na Diocese de Riobamba, Equador, acompanhou as lutas e questões de povos indígenas; com D. Helder Câmara, em Pernambuco, assessorou a reflexão e a produção de importantes documentos e posicionamentos pastorais diante do cenário social e político brasileiro; com D. José Maria

125

Pires, na Paraíba, acompanhou grupos negros e comunidades rurais de base.

Os posicionamentos pastorais de Comblin, somados à sua visão sempre crítica, o levaram a sofrer processos de repressão política tanto no Brasil, de onde foi expulso pelo governo militar em 1972, sendo anistiado em 1986, como no Chile, em 1980, de onde igualmente foi expulso.

A produção de Comblin é, ao mesmo tempo, extensa e densa, e cobre praticamente todas as áreas do conhecimento teológico: Bíblia, história da igreja, teologia sistemática, pastoral urbana e rural, fé e política, religião e cultura, estudos sociais e missão, entre outros temas. Isso confere ao autor uma singularidade e um destaque especiais, pois não é fácil encontrar pensadores que tratem de temas tão distintos com a mesma profundidade e propriedade que ele. Por ocasião dos seus 80 anos de vida, foi feito um levantamento de seus textos, publicado numa coletânea em homenagem a ele chamada *A esperança dos pobres vive* (São Paulo: Paulus, 2003); naquela época já se contabilizava 309 títulos.

O envolvimento com a realidade dos países onde trabalhou fez com que Comblin, embora de nacionalidade belga, fosse um dos nomes mais importantes da Teologia Latino-Americana, uma vez que assumidamente adotou a realidade desse continente como foco de sua reflexão teológica e missão pastoral. Em seu processo vocacional testemunhou: "Eu estava desesperado e cheguei à conclusão de que na Europa a Igreja não tinha mais futuro. Estávamos nos anos 50. Todos os sinais que anunciavam a situação atual em que a Igreja foi praticamente excluída da sociedade europeia já estavam presentes. Mas, a maioria não se dava conta e vivia tranquilamente de ilusões. Eu não queria perder a vida assistindo impotente a uma decadência sem remédio. A história confirmou o meu pressentimento. Graças a Deus tomei a decisão que salvou a minha vida. Ninguém me deve nada. Eu sou quem deve a todos aqui na América Latina" (p. 722).

1. As armas do império e o poder do diálogo das religiões

Em *Quais os desafios dos temas teológicos atuais?* (São Paulo: Paulus, 2005), uma pequena obra, em tom ensaísta, José Comblin apresenta uma visão panorâmica de questões relevantes para a reflexão teológica, como o título do texto já nos mostra. A preocupação principal do autor, seguindo a tradição teológica latino-americana, é com as relações de dominação e de exclusão que marcam a atualidade, que caracterizam o domínio de um "novo império", capitaneado pelos Estados Unidos da América; esse império condiciona e dirige todas as formas de pensamento, os modos de viver e os sistemas de valores.

Para o autor, a própria Teologia se rende ao império na medida em que camufla em seus postulados os conflitos que marcam o mundo contemporâneo. Gera-se aí uma Teologia distante do querigma evangélico fundado na fé em Jesus Cristo. Para o autor, a pergunta fundamental a ser respondida pelos círculos teológicos e eclesiais é: o caminho de evangelização desejado deve ser definido "com as armas do império – repetindo erros do passado – ou pelo diálogo com as religiões do mundo?" (p. 10).

Entre os temas tratados estão questões da doutrina da Criação, da Bioética, da Cristologia, da Eclesiologia, da Escatologia e da Missão. Em relação a esse último, o autor reconhece que ele se tornou desafiado pela Teologia do Pluralismo Religioso, consequência da descolonização. O autor nos lembra que alguns grupos cristãos chegam a colocar em dúvida a própria missão ao se perguntarem se a missão não teria como finalidade e como efeito a destruição das outras religiões e das outras culturas. Comblin defende uma Teologia da Missão dentro do quadro do pluralismo religioso.

Mas como se fará o encontro do cristianismo com as demais religiões? Para Comblin "se hoje as Igrejas querem evangelizar, não podem evitar o diálogo com as grandes religiões – como se fez desde o século XVII, quando Roma cortou as relações com as religiões da China e da Índia, condenando os jesuítas que se haviam lançado à missão. Foi a primeira grande chance de evangelização perdida por causa do fetichismo dos dogmas" (p. 8). O autor realça que os processos de evangelização não podem repetir as marcas de orgulho, de agressividade, de conquista e de dominação do cristianismo no passado. Uma nova atitude missionária, distanciada de forças militares, políticas, econômicas e culturais do império, deve dar base para um diálogo com as religiões mundiais. Trata-se de evangelizar sem superioridade de poder. Esse diálogo deve se constituir como referência para todas as questões teológicas.

O diálogo advindo do pluralismo religioso está relacionado à questão da pobreza, pois ela é crucial para a fé cristã. Qual é a mensagem do cristianismo em meio a outras religiões? Em que ele se distingue? Se o cristianismo conseguir dar visibilidade à sua questão teológica primordial, prévia a qualquer exposição, que é a situação das pessoas pobres, ele poderá dar uma contribuição significativa para o diálogo inter-religioso.

Entre os temas tratados por Comblin está o da revelação. Sua concepção é que Deus se revelou a Israel, em especial aos profetas, no âmbito da cultura hebraica, de seus conceitos e palavras, mas revelou também que eles "não conheceram toda a verdade e cometeram erros. Deus revelou-lhes que também podiam errar. [...] Não podia [Deus] ter feito a mesma coisa com os fundadores das grandes religiões mundiais? Essas são questões para a Teologia atual" (p. 33).

2. Fragmento

O pluralismo das religiões (pp. 20-24)

Assim, chegamos ao problema do pluralismo das religiões, um dos objetos centrais da reflexão teológica hoje. Se as religiões do mundo podem ter um papel positivo na salvação dos seus membros, devemos nos perguntar: de onde lhes vem essa capacidade? De onde vem o seu poder de salvar? Isso nos leva ainda a outra questão: não será por que receberam também uma forma de revelação de Deus? Não haveria também um dom de Deus nesse poder e salvação?

Dessa forma chegamos à revisão do conceito de revelação. A revelação não é dom exclusivo do cristianismo. Ora, se todas as religiões receberam algo da revelação, pode haver diálogo e comunicação mútua entre elas. Todas podem aprender a parte de verdade que lhes foi revelada. Essas são questões levantadas pelo pluralismo das religiões.

Por sua vez, a missão gera uma relação entre o missionário e os seus interlocutores. Durante séculos a relação era entre um missionário, que sabia toda a verdade e ensinava essa verdade, e a outra pessoa, que era ignorante. Estabelecia-se, assim, uma relação entre tudo e nada.

Agora, esse tipo de relação fica questionado. Voltando às origens, chega-se à consciência de que a missão não pode ser de conquista, nem aberta, nem sub-reptícia. Ela não pode ser uma imposição, mesmo uma imposição disfarçada pela superioridade intelectual do missionário. Hoje, a doutrina missiológica professa que a missão se realiza no diálogo. Um diálogo supõe o encontro entre duas pessoas iguais, que pelo menos se situam em nível de igualdade. Não há diálogo possível entre superior e inferior. Se um deles sabe tudo e o outro nada, não há diálogo, mas aula; estamos numa escola, e a relação é de mestre e aluno, o que é relação de desigualdade.

O diálogo supõe que os dois reconhecem que podem aprender algo do outro. Se o cristianismo sabe tudo e não pode aprender nada, não haverá diálogo possível. Devemos reconhecer que há em outras religiões elementos que nós não temos e que podemos aprender. Não se pode saber de antemão o que é, porque para isso existe justamente o diálogo.

Nós podemos aprender com as outras religiões? Com certeza, pois a verdade cristã é Jesus Cristo. Podemos afirmar que conhecemos e entendemos tudo sobre Jesus? Outros, a partir de outras religiões, não podem perceber coisas que nós não percebemos? É bom lembrar que nossa cultura, como as demais, é limitada; e a nossa religião depende da nossa cultura.

Não vamos anunciar a Boa-Nova como algo que exclui ou destrói tudo o que os seres humanos sabiam antes. A Boa-Nova vem no final do edifício do saber. Jesus não disse que os judeus deviam esquecer todo o Antigo Testamento, apesar dos erros que continha. Preservou o Antigo Testamento e apresentou a Boa-Nova como o estado mais perfeito e acabado da fé que já tinham. Podemos fazer a mesma operação com os escritos das outras religiões. Não é preciso destruí-las, mas apresentar a Boa-Nova como o que completa e aperfeiçoa o que já sabiam. Não devem renunciar ao que já sabiam, mas receber uma confirmação e um aprofundamento. Um exemplo disso já tivemos com a filosofia grega, mas ainda falta experimentar isso com uma das grandes religiões mundiais. Pode ser que o budismo seja o melhor candidato neste momento. [...]

Acreditamos que todos os seres humanos possam encontrar no Evangelho uma Boa-Nova que os liberte. Não podemos fixar os contornos de antemão, menos ainda mostrar a outros o caminho que devem seguir, porque Deus mostra isso a cada um deles e aos seus conjuntos religiosos e culturais.

A Teologia do Pluralismo Religioso obriga os cristãos a se voltarem sobre si mesmos para descobrir o que é o cristianismo, em que consiste a Boa-Nova, o que é que Deus quis dizer à humanidade, deixando de lado todos os elementos de religião que foram sendo acrescentados durante os séculos. Estes têm o seu valor, pelo menos em certa tradição religiosa, mas não é a mensagem que é preciso anunciar aos outros que são alheios à nossa tradição cultural e religiosa.

A procura do núcleo central do cristianismo – ou, como se dizia no século XIX, da "essência" do cristianismo – não pode ser feita por cristãos isolados do mundo. Este é um trabalho que se faz em diálogo. Em diálogo com outros, descobrimos muitos elementos que pensávamos básicos necessários, e que não pertencem necessariamente ao Evangelho. Eles mesmos fornecem métodos e conceitos que nos permitem fazer a análise crítica da nossa própria mensagem. Vamos elaborando, com a colaboração deles, a nossa mensagem. Dessa maneira, eles mesmos contribuem com a sua evangelização porque vão ajudando a descobrir o sentido do anúncio de Jesus Cristo.

Durante séculos, pensou-se que a tarefa da Teologia consistia em potencializar a doutrina, introduzindo nela todos os conhecimentos humanos. Da *Summa Theologica* muitos queriam fazer uma enciclopédia ou síntese universal das ciências. A neoescolástica já havia aumentado muito o volume da doutrina. Quando apareceram as ciências humanas da sociedade moderna, acharam que era preciso incluir tudo na Teologia. Pio XII achava que devia tratar de todos os assuntos e que a Igreja devia dar a sua opinião sobre todas as matérias. Com o crescimento notável da administração da cúria, essa tendência ganhou força, e a Igreja passou a falar sobre tudo – sempre com o sentimento de dizer a verdade que os outros não sabem, ou de dizer mais perfeitamente do que os outros o que eles pensaram. À Igreja atribuiu-se a função de dizer a palavra final sobre todos os assuntos. Fazem de conta que o prestígio da Igreja está nisso e que há pessoas que vão se converter graças à vastidão da doutrina.

Temos poucas experiências de missão no diálogo com as religiões, porque o que mais determinou a história do cristianismo no Império Romano foi o diálogo com os filósofos gregos. Quase nada sabemos do que aconteceu com os cristãos no Império Persa. Já que esses cristãos eram tratados como espiões do Império Romano, não tiveram muita oportunidade de desenvolvimento. Era preciso examinar mais atentamente o que aconteceu na Igreja da Etiópia, já que é a única que nos vem dos primeiros séculos. E procurar juntar uma documentação sobre as experiências de evangelização sem conquista. Ver, por exemplo, como na Coréia o cristianismo e as religiões locais reagiram uma sobre a outra.

A experiência dos filósofos cristãos foi uma experiência de elites sociais e intelectuais. O que conhecemos menos é o contato e a comunicação entre o cristianismo e as outras religiões entre os pobres.

De qualquer maneira, sabemos que, doravante, o progresso da Teologia consiste em diminuir em lugar de aumentar, em buscar o que é fundamental, procurando olhar para Jesus independentemente de toda a tradição ulterior – ao contrário do que se fez na cristandade, que era conhecer Jesus por meio da tradição cultural em que se apresentava. Outras questões permanecem abertas: foi Deus quem quis a pluralidade das religiões? Essa pluralidade está destinada a perseverar para sempre? De que maneira podemos imaginar o relacionamento entre cada religião e a missão cristã? Tal relacionamento visaria sublinhar aspectos homogêneos ou cada religião teria um destino diferente?

WESLEY ARIARAJAH

REPENSAR A MISSÃO

O tema da missão é algo marcado na prática da fé cristã e que precisa ser analisado e reinterpretado diante do horizonte de uma cultura plural. Daí ser fundamental refletirmos sobre ele no contexto da Teologia das Religiões. Como ponto de partida é importante tomar as experiências missionárias em espaços inter-religiosos e interculturais e considerar questões centrais e necessárias, como: "O diálogo leva ao sincretismo?", "O diálogo solapa a missão?". É para repensar a missão e procurar iluminar questões como essas que apresentamos as produções teológicas de Wesley Ariarajah, teólogo e pastor metodista do Sri Lanka.

Ariarajah nasceu em 1941, na cidade de Jaffna. Uma cidade que foi marcada pela dominação de três metrópoles – Portugal no primeiro momento, depois Holanda e, por fim, Inglaterra – e pela diversidade religiosa: hinduísmo, cristianismo, islamismo e budismo. Nesse terreno, Ariarajah produz Teologia. Assumiu diversas comunidades locais, como pastor, foi professor de História das Religiões e do Novo Testamento no Seminário Protestante Comum das Igrejas do Sri Lanka. Foi convidado para participar do Conselho Mundial de Igrejas (CMI), em 1981; liderou o Conselho de Diálogo Inter-religioso e, em 1992, assumiu a função de secretário-geral adjunto. Nesse contexto, produziu artigos e livros sobre Teologia das Religiões, como o seu *The Bible and People of Other*

Faiths (A Bíblia e os povos de outras fés), no qual defende uma Teologia do diálogo e o lugar central do diálogo inter-religioso para o testemunho cristão. Atualmente, Wesley Ariarajah é professor de Teologia Ecumênica na Universidade de Drew, Medison, nos Estados Unidos.

A partir das suas vivências no continente asiático, das suas experiências no movimento ecumênico e do ambiente acadêmico, Ariarajah procura elaborar um pensamento que favoreça a construção de uma comunidade cristã que conviva e seja relevante em um mundo religiosa e culturalmente plural. Não procura, pois, a construção de uma "religião universal" que sintetiza as diversas experiências numa religião própria. Mas procura uma reinterpretação, uma nova visita às próprias tradições religiosas, reentendendo a si mesmas diante do pluralismo religioso e construindo uma práxis relevante para um mundo pluralista. Pensar a missão cristã a partir dessa experiência de transformação e de uma nova compreensão da vitalidade do testemunho da fé cristã é algo basilar na vida e na Teologia desse pastor metodista. As vivências inter-religiosas de Wesley Ariarajah deram-se, especialmente, entre os hindus. Tanto que publicou o livro – não lançado em português: *Hindus and Christians: A Century of Protestant Thought* [*Hindus e cristãos: um século de pensamento protestante*]. Mas, antes do texto, experiências de aprendizados, de críticas e de enriquecimentos mútuos foram estabelecidas. No espaço do diálogo, as tradições religiosas interpelaram-se levando as suas vivências para caminhos mais profundos. Trata-se de uma abertura para a escuta, para a mudança e para uma maior compreensão do próprio espaço de fé. Pois no diálogo há uma mudança e a criação de um lugar fértil para a espiritualidade.

Wesley Ariarajah elabora uma Teologia da Missão no horizonte da Teologia das Religiões, com base em sua vivência inter-religiosa. Para tanto, procura uma releitura do texto bíblico relacionada com as "pessoas de outras fés" e pesquisa – entre outros temas – o diálogo entre "o Evangelho e a cultura". A proposta de Ariarajah é repensar a missão que se centrou em um mero exercício de tentar convencer as pessoas com crenças distintas do cristianismo a se converterem à religião cristã e aos seus princípios e crenças tradicionalmente construídos. Todavia, o caminho desse teólogo metodista se dá em outra direção, muito mais profunda.

1. Repensando a missão nos dias de hoje

Em *Repensando a missão para os nossos dias*: a propósito do Centenário da Primeira Conferência Missionária Mundial em Edimburgo (1910) (São Bernardo do Campo: Editeo, 2011), Wesley Ariarajah afirma que "a missiologia continua a ser um dos campos menos desenvolvidos da Teologia Cristã, porque nunca houve a coragem de pensá-lo de maneira nova" (p. 60). Para repensá-la, esse teólogo do Sri Lanka constrói o seu livro em quatro momentos: o *primeiro* capítulo refere-se à memória da citada Conferência, a procura das mudanças no pensamento sobre a missão; o *segundo* capítulo – como um núcleo na discussão que apresentamos neste "guia" – reflete sobre a relação entre o diálogo e a missão diante do desafio da pluralidade religiosa; o *terceiro* capítulo enquadra-se numa reinterpretação da missão na tradição metodista; e, por fim, o *quarto* capítulo repensa a missão para o futuro, com questões que permanecem abertas e outras que passam a ser vistas com outra ótica.

Ao reorientar a missiologia, o teólogo metodista relaciona diálogo e missão. Para tanto, procura se afastar de uma prática missionária, e de uma Teologia que a sustente, profundamente relacionada com a "colonização, a ocidentalização e cristianização". Ao falar em diálogo no horizonte missionário, Ariarajah aparta a possível presença de um sincretismo entre as diferentes religiões. Para o autor, o diálogo evoca a aceitação e o respeito à alteridade, à fé e à crença do outro. Constrói-se, aqui, um "encontro de comprometimentos". Assim, o diálogo provoca um crescimento mútuo, com correção e autocrítica; e a compreensão do significado da própria fé.

Além dessas considerações sobre o sincretismo, outro tema importante na produção desse autor refere-se a uma questão bem presente nas comunidades de fé: "o diálogo solapa a missão?". Algo que já apontamos anteriormente. Como se sabe, o termo missão é uma palavra que pode ser carregada de distintos conceitos e interpretações, por essa razão Ariarajah caminha com certa cautela, propondo, antes de uma resposta rápida, *sim* ou *não*, a clareza na compreensão que se tem do conceito de missão e de sua implicação para o diálogo. Como interpelação, o diálogo "questiona a ênfase excessiva sobre o 'converter o mundo todo a Cristo', e coloca maior ênfase no testemunho e vida cristãos e no serviço ao mundo" (p. 35). A chave não está em uma missão com bases coloniais de *encobrimento* do outro em sua fé e cultura, mas no testemunho do Evangelho que é boa notícia.

Wesley Ariarajah adentra o terreno escorregadio da Teologia da Missão, em função das diferentes visões, muitas até mesmo antagônicas, que marcam o cenário missionário das Igrejas e – com base nas experiências inter-religiosas – traz algo novo e criativo, repensa a missão e confronta-se com seus dilemas mais comuns, como a singularidade de Jesus e a comissão de fazer discípulos por todo o mundo. Confronta-se, ainda, com a visão de uma cultura ocidental marcadamente superior, presente no início das reflexões de Edimburgo, em que o hino "Soldados de Cristo, erguei-vos", por exemplo, torna-se algo motivador, não obstante o avanço na sensibilidade missionária ecumênica.

Ao repensar a missão, Ariarajah compreende o testemunhar como algo basilar na fé cristã, o testemunho das "boas-novas aos pobres, a libertação dos cativos..." (Lc 4). Assim, portanto, "considera o diálogo como a missão de que precisamos em nossos dias. Porque por meio dele é que nos engajamos na tarefa curativa e reconciliadora que Deus tem empreendido no mundo" (p. 38).

2. Fragmento

Diálogo ou missão?
O desafio da pluralidade religiosa
ao pensamento e prática da missão (pp. 33-38)

A área mais difícil para o diálogo e missão tem a ver com a nossa compreensão de Cristo e de sua relação com o mundo. Muito do pensamento da missão se baseia em três ou quatro versos-chave da Bíblia. Estes incluem a chamada Grande Comissão de Mateus 28, de "ir por todo o mundo e pregar o Evangelho a todas as nações", a afirmação de João 14,6, de que Jesus é o "caminho, a verdade e a vida, e ninguém vem ao Pai exceto por mim", e as afirmações de Atos dos Apóstolos de que Jesus é o único mediador entre Deus e os seres humanos. Muitas vezes, estes versos são isolados de seus contextos imediatos e isolados de todo o restante da mensagem da Bíblia para argumentar que cada ser humano deve aceitar Jesus Cristo como seu salvador para ser salvo.

Aqueles que dialogam demonstraram que a mensagem geral da Bíblia é muito mais complexa do que se presume por uma leitura seletiva da Bíblia. Ela começa com Deus como criador de todo o mundo; Deus é alguém que cuida e nutre a todos. Nas Escrituras hebraicas, mesmo que Israel seja escolhido como "luz para as nações" e para "viver a justiça de Deus entre as nações", Deus permanece sendo o Deus de todas as nações. Nenhuma nação e ninguém estão fora do amor providencial de Deus.

O livro de Jonas, por exemplo, é uma história contada para argumentar que Deus ouve as orações não apenas do povo de Israel, mas também da cidade estrangeira de Nínive. Jesus, apesar de limitar seus ministérios a seu próprio povo, falou de "muitos do Ocidente e do Oriente sentando à mesa com Abraão, Isaque e Jacó". Também podemos nos lembrar do aprendizado que Pedro teve pela visão que o enviou ao centurião romano, Cornélio, em Atos 10: "Agora eu sei que Deus não faz acepção de pessoas e que, em cada nação, aqueles que o temem lhe são aceitáveis".

Minha intenção aqui não é citar versículos bíblicos para anular outros, mas sim argumentar que a Teologia Cristã e a Teologia da Missão devem ser erigidas sobre toda a mensagem da Bíblia. Mesmo sobre a questão da missão, há diferentes passagens nas narrativas do Evangelho. Em Lucas 4, por exemplo, Jesus fala de sua missão, como "pregar boas-novas aos pobres, libertação dos cativos..." e, em Mateus 25, a missão é compreendida primeiramente em termos de serviço: "eu tive fome e me deste de comer". A presença de outras nações é reconhecida e aceita em todas as passagens escatológicas da Bíblia.

O diálogo, portanto, questiona a ênfase excessiva sobre "converter o mundo todo a Cristo", e coloca maior ênfase no testemunho e vida cristãos e no serviço ao mundo. A mensagem curadora do Evangelho deve ser partilhada onde for apropriado; e o fardo de responder à mensagem deve ser deixado ao ouvinte. O testemunho também deve acontecer no contexto do respeito pela fé de outras pessoas, e em uma atmosfera de interesse para descobrir o que Deus tem feito na vida de nosso vizinho. E a singularidade de Cristo não deve ser assunto de alegações arrogantes; deve ser algo que o receptor da mensagem experimente em sua própria vida.

A reunião de Chiang Mai não conseguiu resolver o problema de singularidade de Cristo. Então, levantou uma série de perguntas para estudos subsequentes nas Igrejas. Estas ainda são perguntas importantes para hoje.

Destaco duas delas:

- Qual é a relação entre a ação criadora/redentora universal de Deus para com toda a humanidade e a atividade criadora/redentora particular de Deus na história de Israel e na pessoa e obra de Jesus Cristo?

- Qual é a visão bíblica e qual é a experiência cristã da operação do Espírito Santo, e seria correto e de auxílio entender a obra de Deus para fora da Igreja em termos da doutrina do Espírito Santo?

Essas perguntas ainda não foram respondidas, ou não houve ainda acordo entre os cristãos sobre como melhor responder a elas.

Hoje em dia, conflito e violência são grandes preocupações. Infelizmente, há muitos conflitos em diferentes partes do mundo nos quais a identidade religiosa desempenha um papel direto ou indireto. Muitos destes conflitos não são "guerras religiosas", como eram no passado; são provocados por outras questões sociais, políticas e econômicas. No entanto, os sentimentos religiosos, as identidades e os ensinamentos são, frequentemente, como forças de mobilização em certo tipo de situação de conflito. Como resultado, há um sentimento generalizado em nossos dias de que as religiões estão contribuindo para os conflitos. Alguns pesquisadores argumentaram que não deveríamos excluir tão rapidamente as tradições religiosas e insistir que os ensinamentos de algumas religiões, de fato, constroem muros de separação, exclusivismo e, de qualquer modo, não promovem paz e harmonia através das fronteiras religiosas.

Essa realidade levou o teólogo alemão Hans Küng a desenvolver uma tese tripartida sobre a busca da paz:

— Não haverá paz no mundo até que haja paz entre as religiões;

— Não haverá paz entre as religiões até que haja diálogo entre elas;

— E não pode haver diálogo entre elas até que afirmem alguns valores em comum.

Com base nessas premissas, ele propôs uma "Ética Global", conclamando todas as tradições religiosas a as afirmarem. Não é minha intenção discutir a Ética Global aqui, mas sim dizer que muitos partilham sua opinião de que a paz entre as religiões pelo engajamento em diálogo se tornou uma dimensão importante da busca da paz no seio da comunidade humana.

O segundo principal desenvolvimento que leva à urgência do diálogo é a globalização. Hoje em dia, quase todas as principais questões sociais, econômicas e políticas atravessam todas as fronteiras. As questões da paz e da justiça, econômicas, ambientais e mesmo questões que afetam pessoas individualmente têm dimensões globais. A revolução das comunicações aproximou os povos e as nações. Não há mais apenas questões cristãs que requeiram respostas cristãs. Há também outras, que só poderão ser resolvidas trabalhando para além de barreiras religiosas ou de outros tipos. Esta realidade tem levado muitos cristãos a trabalhar em colaboração com outros. Até agora, só puderam encontrar bases seculares para fazer isso, por medo de que as crenças religiosas introduzissem conflitos. Precisamos prosseguir na busca de uma base religiosa para tal engajamento.

Christine Lienemann-Perrin

ECUMENE COMO HORIZONTE DO ENCONTRO DE RELIGIÕES

A o propor um "guia para visionários", apresentamos novas visões e interpretações de uma Teologia da Missão na qual estão envolvidos autores e autoras de distintas confissões religiosas e experiências vivenciais. Uma tentativa de reinterpretar a fé e a missão. Por essa razão, partilhamos as contribuições da teóloga reformada Christine Lienemann-Perrin para a relação entre missão e diálogo inter-religioso, uma articulação "recíproca de tensão e intercâmbio", uma interação necessária diante de um contexto religioso plural.

Christine Lienemann-Perrin nasceu em Biel (Suíça) em 1946. As suas ênfases de estudo estão relacionadas à Teologia protestante. Especificamente, a autora pesquisa: a educação teológica, a responsabilidade política das Igrejas, o ecumenismo, a missão e diálogo inter-religioso e a Teologia Feminista. Atualmente, é professora de ecumenismo, missiologia e questões interculturais contemporâneas na Faculdade de Teologia da Universidade de Basileia e na Universidade de Berna, ambas na Suíça. A sua produção é extensa, com livros e artigos publicados nas áreas mencionadas. Em português há a edição do texto *Missão e diálogo inter-religioso* (São Leopoldo: Sinodal, 2005).

Todavia, a sua produção relaciona-se a experiências no continente europeu e em países como República

Democrática do Congo, Coreia do Sul e Índia. Por essas aproximações, o tema de sua produção em português está relacionado à interface entre a construção da fé *para dentro* do cristianismo e a transmissão dessa mesma fé *para fora*. Como partilhar a fé? Nessa interface entre o exterior e o interior da cristandade, segundo a autora, encontra-se a missão. Assim, a reflexão sobre uma Teologia da Missão, no contexto de pluralismo religioso, envolve as relações externas do cristianismo – "como ele *percebe* outras religiões, se *encontra* com as pessoas de outras religiões e se *modifica* pelo contato com elas" (p. 10) – que implica sua própria concepção interna.

Com base em suas vivências em outros contextos (Ásia e África) e em sua produção na Europa, a autora provoca uma reflexão importante: a construção de uma "Teologia Pluralista da Missão". Algo relevante se pensarmos a Teologia das Religiões não como um espaço da estante teológica, mas como "um novo modo de fazer Teologia", que encontra espaços de ancoragem onde se deixam ficar e começam a produzir novas problematizações, novas teologias. Como reinterpretar a missão no espaço intracristão e inter-religioso? Como as comunidades cristãs precisam lidar nesse ambiente de diversidade e de novas experiências de fé?

A proposta de Christine Lienemann-Perrin é, pois, a compreensão da *oikoumene* como casa de encontros inter-religiosos, de abertura a vivências de fé e de escuta. Assim, a relação entre missão e diálogo necessita ser constantemente construída, elaborada, revisitada, repensada. Não é algo estático, mas uma articulação em constante movimento de "tensão e intercâmbio", de percepções e mudanças, de encontros e parcerias. Como afirma a própria autora: "a ecumene necessita do diálogo inter-religioso, porque este a abre para as pessoas de outras religiões, resguardando-a de preocupar-se somente consigo própria. Na ecumene das Igrejas, o diálogo com as religiões mantém viva a lembrança da não rescindida aliança de Deus (aliança de Noé) com todo o gênero humano. Inversamente, o diálogo também precisa da comunhão de Igrejas que em seu engajamento inter-religioso lembrem umas às outras os seus fundamentos. Somente em conjunto é que a ecumene das Igrejas e seu diálogo com outras religiões terão futuro" (p. 164).

1. A elaboração de "uma Teologia Pluralista da Missão"

As teses principais de Christine Lienemann-Perrin estão presentes, em português, no livro *Missão e diálogo inter-religioso* (São Leopoldo: Sinodal, 2005), como apontamos anteriormente. No início de sua obra, uma afirmação já sinaliza por onde esta autora caminhará: "o cristianismo é *uma* religião entre *muitas outras*" (p. 9). Reconhece-se, aqui, o ambiente plural, em que distintas experiências de fé encontram-se, relacionam-se em um mosaico que vai além das fronteiras estabelecidas em cada limite de espiritualidade. Não se fala de um mundo religioso monocromático. Para a autora, todavia, isso não é novo. Desde o início a fé cristã é *uma* vivência de fé *entre muitas* outras. O seu nascimento não se dá em um espaço monolítico.

Nesse espaço de diferenças religiosas, a autora levanta uma consideração importante em sua reflexão sobre a missão. A vivência missionária precisa: "aprender dos erros do passado; encontrar-se de forma respeitosa com pessoas de outras religiões; tentar entender outras religiões; submeter os conteúdos da fé cristã a uma nova reflexão no encontro com as pessoas de outras religiões, verificando o que liga as diferentes religiões, onde estão as suas diferenças e onde há incompatibilidade entre elas" (p. 11). Aqui reside algo significativo para se pensar a relação entre a missão e o diálogo inter-religioso: a importância da memória, colocando a prática atual diante de espelhos do passado para um reorientar da prática; e a relevância do encontro com outras expressões de fé, com respeito e aprendizado com a alteridade.

Com esse desejo, Christine Lienemann-Perrin constrói o seu livro guiada pelo seguinte arcabouço: a) a reflexão bíblica para a missão e o diálogo inter-religioso; b) as posições das Igrejas e conselhos ecumênicos em relação a essa articulação; c) os exemplos contextuais como: a Teologia Minjung (Coreia do Sul); a Teologia Pluralista das Religiões a partir de Paul Knitter e Stanley Jones Samartha (Estados Unidos e Índia); o contexto das religiões africanas, baseando-se em Oscar Bimwenyi-Kweshi (Congo); e a Teologia em diálogo com o judaísmo, com as ideias de Friedrich-Wilhelm Marquardt (Alemanha); d) Por fim, a autora apresenta balanços e perspectivas dessa articulação missão e diálogo inter-religioso, da qual retiramos o fragmento que será apresentado mais adiante.

As experiências contextuais apresentadas pela autora, além da releitura bíblica e das vozes das comunidades de fé, apontam para uma reinterpretação da missão e estabelecem *"um* princípio que precisa vigorar independente do contexto e da situação: a renúncia à violência, coação, pressão, doutrinação para fins de difusão da fé"

(p. 161). Esse princípio estruturador da prática missionária ganha a sua relevância no espaço da ecumene e sinaliza a efetivação do direito à liberdade religiosa e a superação de variadas maneiras de intolerância e de violência.

A proposta de Christine Lienemann-Perrin ganha a sua relevância, portanto, por dialogar com experiências contextuais dos países do Sul, e também do Norte, por reler a tradição bíblica e por redesenhar prospectivas de uma Teologia da Missão. Como síntese de suas ideias, há uma provocação para um novo caminho, uma nova chave hermenêutica: a construção, por meio do encontro e da interação, de "uma Teologia Pluralista da Missão". Nessa proposta, interagem os distintos conceitos de missão presentes nas religiões. Além dessa inter-relação, tais concepções mostram-se como central no diálogo inter-religioso. As variadas experiências e reflexões de missão, guiadas pelo princípio estruturador da "renúncia à violência", se tornam elemento-chave no diálogo. É a partir da missão e da prática missionária que a conversa é estabelecida.

2. Fragmento

Diálogo em diferentes contextos (pp. 160-163)

O encaminhamento de relações inter-religiosas, de conversações e projetos de pacificação depende muito de como convivem pessoas de diferentes credos, bem como do *status* de cada religião na sociedade e no Estado. Quase não tem limites a diversidade de constelações, e igualmente diversificadas são as formas de encontro das religiões, das tarefas concretas e das possíveis margens de atuação. O desenrolar e o resultado de "diálogos" de religiões dependem, não por último, da circunstância, se trata de religiões de escritura, com doutrinas formuladas, ou de religiões com sabedoria e normas de conduta transmitidas oralmente. [...] A forma clássica do diálogo religioso se configurou principalmente onde se defrontam religiões de escritura (judaísmo, cristianismo, islamismo, hinduísmo, budismo), ao passo que nos casos nos quais o cristianismo se deparou com religiões de tradição oral, ao longo de sua difusão, de um modo geral falta até hoje esse tipo de diálogo. Este é o caso nas religiões "tradicionais" das etnias africanas, assim como nos tipos de religião de minorias étnicas na China, de grupos marginalizados na Índia (dalits), de descendentes da quase dizimada população original e dos escravos africanos na América Latina; em sociedades com forte separação por gênero isto pode valer também para formas de religião desenvolvidas por mulheres. O diálogo cristão com os representantes e, sobretudo, com as representantes de todas essas expressões de vida religiosa começou apenas recentemente.

Isto não quer dizer que não ocorra encontro algum. A riqueza de variações no convívio de diferentes tradições religiosas se mostra de maneira exemplar na África. Ali se encontra um multifacetado convívio e entrelaçamento entre cristianismo, religiões "tradicionais" e islamismo – seja como transição contínua de uma religião "tradicional" para o cristianismo ou para o islamismo, seja como integração de elementos cristãos ou muçulmanos naquelas. Finalmente existe também a oposição sistemática entre diferentes religiões e Igrejas, por exemplo, quando "African Instituted Churches" se distanciam do "paganismo" mediante rigorosas regras de conduta, assim demarcando sua inconfundível identidade e filiação. Algo semelhante vale também para a América Latina, Ásia e mesmo para a Europa, cada qual à sua maneira. Esta situação levanta questões que levam o diálogo inter-religioso a seus atuais limites – ou o fazem retroceder ao ponto de partida.

Numa ótica empírica, será que a missão cristã ainda tem futuro no século XXI? Com certeza, em se considerando a dinâmica difusão do cristianismo em muitas partes do mundo. Não há dúvida de que a missão é realizada como obra da Igreja; a questão é como ela é encaminhada e referenciada em seu fundamento. Será que as grandes Igrejas se sujeitarão a seus bloqueios de missão, deixando o campo de missão entregue a forças preponderantemente reacionárias e fundamentalistas, para depois se queixar do despautério da missão? Ou será que elas próprias desenvolverão alternativas dignas de crédito, voltando a apresentar a transmissão da fé como sinal necessário da Igreja? A simultaneidade de demandas não simultâneas de missão proíbe a estipulação de regras detalhadas para a futura missão "nos seis continentes". Entretanto, todas as experiências feitas até aqui na história da missão necessariamente ditam um princípio que precisa vigorar independentemente do contexto e da situação: a renúncia à violência, coação, pressão e doutrinação para fins de difusão da fé. Isto constitui, por assim dizer, o duplo mandamento do amor para a missão, no qual estão compreendidos todos os demais requisitos.

No limiar do século XXI delineia-se em alguns países europeus, na contramão da recriminação da atividade missionária, um novo interesse pelo *know-how* missionário. Nas esferas eclesial, pública e universitária constata-se uma demanda por contribuições missiológicas sobre os problemas do convívio com pessoas de outras religiões na sociedade.

Tal interesse não por último está ligado ao fato de que indivíduos e grupos sociais estão precisando cada vez explicar suas convicções éticas. Isto abre para as Igrejas novas perspectivas para sua presença missionária na sociedade. As Igrejas é que precisam saber como responder à indiferença religiosa, ao desejo de orientação religiosa, ao confessionalismo cristão e ao fundamentalismo religioso, no espírito do testemunho bíblico e na forma adequada em cada caso.

A pluralidade religiosa desperta na população o anseio por garantias, normas de conduta inequívocas e limites claros, o que por seu lado fomenta o fundamentalismo religioso e cultural. Este será um grande desafio para o diálogo do futuro. Como sempre volta a acontecer que pessoas são atingidas por ameaças ou atos de violência, a maior urgência do diálogo está em aplacar as tensões explosivas nos pontos de ruptura das religiões e culturas. Será que ele conseguirá viabilizar primeiros passos elementares de um entendimento, quando entrarem em choque as diferenças, em parte religiosas, em parte culturais, numa sociedade? Muitos problemas desse tipo têm a ver com a legislação sobre a religião: a construção de prédios para reuniões das diferentes religiões, o ensino religioso nas escolas para alunos de diferentes religiões, questões legais referentes ao casamento, divórcio e educação em matrimônios mistos, cemitérios para minorias religiosas. Tais problemas e outros afins somente podem ser solucionados se os participantes do diálogo levarem em consideração as questões jurídicas em aberto e cooperarem com as instâncias competentes.

Faz alguns anos que a comunidade dos povos procura entender-se sobre princípios necessários para a sobrevivência da humanidade, a preservação da natureza e a vida das gerações futuras. Desta busca também participam representantes de diferentes religiões, como, por exemplo, se evidencia na "Conferência Mundial das Religiões pela Paz", fundada em 1970. Importantes impulsos para esse discurso também foram dados por H. Küng com suas propostas para o "Projeto de Ética Mundial", usado como ponto de partida pelo Parlamento Mundial das Religiões com sua "Declaração para uma Ética Mundial" (1993). Ali são apresentadas "quatro culturas" para as quais, na opinião do Parlamento Mundial, existem referenciais em todas as religiões universais: não violência e reverência pela vida, solidariedade e ordem econômica justa, tolerância e vida em veracidade, além de igualdade de direito e parceria entre homens e mulheres. O Parlamento pretende empenhar-se pelo maior reconhecimento dessas quatro culturas nas religiões universais. Entretanto, a respectiva legislação dependerá de cada país, que deverá observar o maior despojamento ideológico e religioso possível nas formulações legais.

Os esforços de diálogo da Igreja Católica Romana e do CMI muitas vezes foram criticados por usar o diálogo inter-religioso para a propagação do cristianismo. Por isso alguns representantes da Teologia Pluralista das Religiões propõem que se liberte o diálogo de quaisquer "segundas intenções missionárias". A consequência disso, entretanto, é que as religiões por vezes acabam esvaziadas e reduzidas a um torso a fim de isentar o encontro de elementos perturbadores. O diálogo inter-religioso deveria evitar as duas coisas do futuro. Nos diálogos futuros a missão será tema indispensável, mas sempre observando que os conceitos de missão de todas as religiões participantes entrem em diálogo. Em vez de excluir do diálogo a "concorrência das perspectivas totais" (Eilert

Herms), ele deveria abrir-se para uma "Teologia Pluralista da Missão", isto é, deveria fazer com que os diferentes conceitos de "missão" nas religiões fossem objeto de diálogo inter-religioso.

INDERJIT S. BHOGAL

PLURALISMO E COTIDIANO

Inderjit Singh Bhogal é teólogo e pastor metodista. Nasceu em Nairóbi (Quênia) em 1953, numa família de tradição sikh. Em 1964, ainda criança, deixou esse espaço de origem e mudou-se para a Inglaterra, para Dudley, onde iniciou seus estudos e suas mobilizações numa *práxis* do diálogo inter-religioso. Atualmente, Bhogal trabalha na liderança da Comunidade Corrymeela. Foi presidente da Conferência Metodista da Inglaterra e diretor da Unidade de Teologia Urbana. No campo ecumênico, é consultor da agência *Christian Aid* – organização que procura contribuir para a superação das desigualdades, das injustiças e das discriminações – e conselheiro do Centro de Diálogo Inter-religioso da Universidade de Derby. Além disso, organiza grupos e movimentos pela paz, compostos por pessoas de diferentes confissões religiosas, como o cristianismo e o islamismo. O testemunho desse teólogo metodista sinaliza aquilo que a sua reflexão constrói no espaço da Teologia das Religiões.

Ao compreender que a Teologia "emerge da experiência e das raízes" – a partir de uma aproximação com o quadrilátero de John Wesley, que coloca a experiência junto com a razão, a tradição e a Escritura – Bhogal constrói em seu cotidiano, em suas memórias, uma autobiografia teológica. O começo acontece, como ele mesmo afirma: "a partir das minhas raízes e rotas, minha etnicidade, minhas nacionalidades, minha herança com as múltiplas expressões de fé e minha própria experiência de Deus" (*Pluralismo e a missão da Igreja*, p. 48). O autor é um cristão com raízes na cultura e fé sikh, tradição religiosa iniciada pelo guru Nank e que concebe Deus como um, criador, não nascido e que se torna conhecido por meio do guru. Em sua infância no Quênia, a convivência entre as experiências religiosas eram comuns; pessoas do hinduísmo, sikhismo, islamismo e religiões africanas relacionavam-se bem, em irmandade.

Com essa relação e com a experiência religiosa de sua casa, Bhogal experimentou Deus, como ele mesmo afirma: "Dentro do sikhismo eu conheci Deus como Pai e Mãe, amigo e companheiro. Como um sikh, eu aprendi as escrituras sikh, que dizem: 'Tu és minha Mãe, Tu és meu Pai'" (p. 52). A partir desse lugar inter-religioso, desse chão diverso, Bhogal constrói a sua Teologia. Uma espécie de combinação experiencial das memórias dos cotidianos que vivenciou com uma visão da comunidade de fé centrada na mesa posta por Deus, um banquete aberto e com lugar para todas as pessoas com suas diferentes confissões, culturas e nações. Ao redor da comida – elemento central tanto no sikhismo quanto no movimento de Jesus –, a experiência e o encontro com Deus se dão em irmandade e partilha. Essa é a concepção desse teólogo sikh-cristão, *híbrido* entre espaços geográficos, entre vozes de distintas espiritualidades.

Com essa experiência inter-religiosa, Inderjit Bhogal procura refletir sobre a Teologia e a missão da Igreja na atualidade marcada pelo pluralismo religioso. Mas, para isso, bebe na fonte de narrativas da sua biografia, revisita leituras e construções teológicas – como as de John Wesley –, procura novas interpretações do texto bíblico e escuta e dialoga com experiências em comunidades eclesiais. Esses "retalhos" são articulados numa costura com a dimensão plural das religiões e o cotidiano em que emerge o refletir, o que gera a Teologia das Religiões elaborada por Bhogal.

1. O compromisso missionário

A partir da sua experiência de sikh-cristão, a produção de Inderjit Bhogal reflete: a construção de uma "Teologia em trânsito", com crônicas das suas vivências e viagens, em contextos diferentes e diversificados; a intuição de um Deus que é "imenso, insondável e não confinado", não conhecendo limites em sua graça e amor; e uma reflexão teológica relacionada com os refugiados na Inglaterra, num comprometimento em relação à justiça, "abrindo portas" do *fazer-teológico* a essa realidade. Além dessas reflexões, Bhogal envereda-se para a compreensão da missão da Igreja diante do pluralismo religioso, o que resultou em seu livro publicado em português: *Pluralismo e a missão da Igreja na atualidade* (São Bernardo do Campo: Editeo, 2007).

Nesse texto, as intuições teológicas de Inderjit Bhogal são sintetizadas. O livro é construído, em sua primeira parte, por uma elaboração latino-americana que traz reflexões iniciais às teses do autor, escritas por Sandra Duarte de Souza, com o texto "Pluralismo religioso: uma introdução ao tema", relacionando pluralismo e modernidade; e por Magali do Nascimento Cunha, "O pluralismo religioso na agenda das Igrejas protestantes no mundo contemporâneo". Depois dessa introdução ampla, o texto de Bhogal é apresentado em quatro partes: a) "Eu, Jesus e a comida", uma autobiografia teológica; b) "Verdade

155

e diversidade", sobre as contribuições das religiões para uma situação mundial menos violenta e injusta; c) "Ame também o estrangeiro", reflexão sobre a hospitalidade e acolhida ensinada por Jesus; e d) "A plenitude da vida", a pobreza, o pluralismo e a poluição apresentados como desafios importantes para a Teologia. Para abordar tais concepções, Boghal aproxima-se das narrativas do texto bíblico e das produções de John Wesley.

Esse teólogo envereda-se, assim, para uma reflexão hermenêutica das narrativas sagradas do cristianismo, das leituras da tradição teológica e das questões atuais. É um deixar-se confrontar com as realidades concretas. Pois, como pergunta Bhogal: "A fé e um conjunto de crenças são um bilhete de passagem ou um portão para o céu? Há um só formato de fé ou um só conjunto de crenças que oferecem as pistas e a chave para o paraíso?" (p. 75). Perguntas como essas colocam o entendimento clássico de missão em instabilidade. Há o nascimento da dúvida. Como fazer missão? Como pensar a salvação? O que significa dizer a singularidade de Jesus?

Quais implicações as considerações hermenêuticas que repensam temas centrais da Teologia trazem para a prática missionária? Diante do pluralismo religioso, a missão reconstrói-se com um triplo compromisso. O primeiro é o *respeito*, como elemento central na Teologia Cristã, com destaque para a importância do relacionamento com pessoas excluídas, empobrecidas; com pessoas de outras confissões de fé, de outras culturas e etnias; e com o meio ambiente: "Isso significa que a criação é sagrada, que deve ser tratada com respeito e que todas as pessoas são sagradas e abençoadas, de igual dignidade e valor" (p. 115). O segundo compromisso é a *aceitação*,

156

que se realiza cruzando fronteiras, construindo espaços de encontro e relação, na experiência de escuta do outro e de aprendizado com ele. Há uma voz que interpela e um corpo que se coloca frente a frente em diálogo. Por último, a *vida*, a busca de uma vida abundante, não consentido com as realidades que provoquem a morte como: a pobreza imposta, a intolerância religiosa e o fundamentalismo e a degradação ambiental. A vida é o critério central da missão!

Em síntese, na prática missionária ecoam perguntas como: "Nossa decisão priorizará os mais pobres e ajudará na erradicação da pobreza? Ajudará a promover boas relações entre pessoas de diferentes credos, culturas e etnias? Protegerá a vida e acrescentará qualidade a ela, inclusive ao meio ambiente?" (p. 118). Eis a questão.

2. Fragmento

Verdade e diversidade (pp. 82-86)

O Deus que sofre: Um motivo conhecido em outras religiões. O conceito de ir a Deus por meio do sofrimento é bem conhecido em outras religiões. Posso falar a partir de meu conhecimento da religião sikh, e digo que isso não é algo novo para os sikhs. Os gurus sikhs mostram que o sofrimento acompanha o caminho para Deus. O caminho do sofrimento é lembrando quando os sikhs se juntam para o culto e dizem "Ardas" (preces) com as palavras: "Aqueles que permitiram a si mesmos serem cortados de um membro ao outro de seu corpo, tiveram seu couro cabeludo esfolado, quebrados na roda, que foram serrados em vida, lembrem-se daqueles... pensem naqueles que permitiram a si mesmos serem açoitados, aprisionados, perfurados, mutilados ou queimados vivos sem qualquer resistência ou reclamação, e clamem a Deus". A humildade do lava-pés, a dureza e o sofrimento mostram-nos o caminho de Jesus ao Pai.

É também bem reconhecido na erudição bíblica que o Prólogo, os versos de abertura de João 1,1-18, oferece a chave para entender o resto do Evangelho. Nós lemos: "No princípio era o Verbo, e *o* verbo estava com Deus, e o Verbo era Deus. Ele estava no princípio com Deus. Todas as cousas foram feitas por intermédio dele, e, sem ele, nada do que foi feito se fez. A vida estava nele e a vida era a luz dos homens [...] a verdadeira luz, que, vinda ao mundo, ilumina todo homem [...]. E o Verbo se fez carne e habitou entre nós..." (João 1,1-4.9.14).

Aqui Jesus de Nazaré é identificado com o Verbo, a palavra, o *Logos* (uma ideia tomada de empréstimo da sabedoria grega). O princípio e a presença cósmica, universal (*logos*) encontram expressão física em Jesus de Nazaré. Onde nós vemos Jesus agir estamos vendo a ação do *Logos* cósmico; onde ouvimos Jesus falar, estamos ouvindo o *Logos* cósmico. Assim, onde quer que Jesus fale ou aja, temos que ver e ouvir as palavras e a ação de Deus. Então, quem está falando as palavras em João 14?

Quem está dizendo "Ninguém vem ao Pai senão por mim"? Não estamos ouvindo aqui as palavras do Pai que atrai todos os povos, em muitos caminhos, a si?

Lemos em João 14,7-11a: "'Se vós me tivésseis conhecido, conheceríeis também a meu Pai. Desde agora o conheceis e o tendes visto'. Replicou-lhe Felipe: 'Senhor, mostra-nos o Pai, e isso nos basta'. Disse-lhe Jesus: 'Felipe, há tanto tempo estou convosco, e não me tens conhecido? Quem me vê a mim vê o Pai; como dizes tu: Mostra-nos o Pai? Não crês que eu estou no Pai e que o Pai está em mim? As palavras que eu vos digo não as digo por mim mesmo; mas o Pai, que permanece em mim, faz as suas obras. Crede-me que estou no Pai, e o Pai, em mim...'."

Isto é Teologia joanina e sugere que as palavras "ninguém vem ao Pai senão por mim" são palavras do Pai em Jesus. Deus atrai pessoas a si mesmo, em miríades de modos do próprio Deus. Deus fala às pessoas de muitas maneiras, em muitas línguas. Porque Deus ilumina a todos (João 1,9), Deus não fica sem testemunho em lugar algum. As pessoas respondem à luz de Deus em diferentes modos.

João 14,6 em um sentido inclusivo. Para mim, João 14,6 é um convite às relações cristãs ecumênicas no sentido mais amplo, incorporando não só diferentes denominações, mas, também, diferentes religiões. Esse texto é um portão emocionante e iluminador ao diálogo mutuamente enriquecedor entre diferentes tradições religiosas. As palavras de João 14,6 não devem ser usadas para excluir as pessoas de outras expressões de fé de uma experiência com Deus.

Como presidente da Confederação da Igreja Metodista Britânica (equivalente ao Concílio Geral da Igreja Metodista no Brasil) eu fui ao Templo Dourado em Amritsar, na Índia. É um lugar sagrado de peregrinação para os sikhs. Trinta metodistas britânicos me acompanhavam. Encontrei-me com o líder supremo dos sikhs, no Templo, Sr. Joginder Singh. Em nossa conversa, pedi a ele para comentar as palavras de João 14,6 "ninguém vem ao Pai senão por mim". Ele não criticou nem ridicularizou as palavras do texto, simplesmente explicou o ponto de vista sikh de que Deus é onipresente e a tudo permeia. Se Deus está presente em todo lugar, Deus está com todas as pessoas.

A lealdade a Jesus anda de mãos dadas com a abertura às pessoas de outras religiões e a buscar os desafios que elas apresentam aos cristãos. Reúna-se com o seu próximo de outras religiões, compartilhe suas histórias de fé com eles. Peça a eles para compartilhar com você a experiência e o entendimento que eles têm de Deus. Esta é uma parte importante do testemunho cristão hoje em dia. É essencial e urgente, hoje em dia, para todos nós que estamos em posições de responsabilidade e liderança, não apenas os que estão envolvidos com a educação universitária ou teológica, que promovamos cooperação e compreensão inter-religiosa. Precisamos fornecer ferramentas teológicas e confiança com as quais podemos atender aquela tarefa.

Quero concluir listando os desafios que agora devemos encarar:

— Se todos somos feitos à imagem de Deus e, portanto, de uma só raça, o que precisa acontecer para que cresçamos no respeito um ao outro, qualquer que seja a cor de nossa pele, o nosso credo ou a nossa cultura?

— Se Deus é um só, o que precisa acontecer para que cresçamos no respeito à iluminação, ao entendimento e à experiência de Deus que cada um tem?

— Se o Deus Único relaciona-se com todos nós, o que precisa acontecer para que cresçamos no respeito ao compromisso salvador de Deus nas histórias de cada um?

— Se Jesus é o dom especial das Igrejas aos mundos das religiões, o que precisa acontecer para que possamos compartilhar sua história e reconhecer os dons especiais de Deus por meio das outras religiões?

— Se o desejo de Deus para toda a criação e para todas as pessoas é que todos tenham vida e a tenham em abundância, como podemos trabalhar em parceria com cristãos e com pessoas de diferentes expressões de fé para cumprir o propósito de Deus?

INTERPELAÇÕES FUNDAMENTAIS

DIEGO IRARRAZAVAL

TEOLOGIA INDÍGENA LATINO-AMERICANA

Nascido em 1942, no Chile, Diego Irarrazaval é sacerdote católico-romano e atuou por quase três décadas em comunidades populares aymaras no Peru. Em suas palestras e entrevistas costuma dizer que junto aos aymaras aprendeu a ser pastor e a ser pastoreado por um povo que sabe celebrar a vida e que é capaz de aceitar as pessoas distintas com suas virtudes e limitações. Da mesma forma, afirma que a compreensão que possui sobre o sentido do seu próprio trabalho missionário não é por crer que as pessoas envolvidas estão carentes de Deus, mas sim para acompanhá-las na beleza da espiritualidade delas e em seus esforços na conquista da justiça como, por exemplo, o direito à educação em sua própria cultura. Tais perspectivas são reveladoras da Teologia do autor.

Irarrazaval, ou simplesmente Diego, como é conhecido nas comunidades peruanas, dirigiu o Instituto de Estúdios Aymaras no Peru e esteve à frente do trabalho da Associação Ecumênica de Teólogos e Teólogas do Terceiro Mundo (ASETT), como presidente e vice-presidente, à qual dá significativa contribuição teológica.

Na coleção "Pelos caminhos de Deus", organizada pela ASETT, que trata do tema da Teologia das Religiões, o autor se destaca com vários e importantes textos: "Reimplantação teológica da fé indígena" em *Pelos muitos cami-*

nhos de Deus: desafios do pluralismo religioso à Teologia da Libertação (Goiás: Ed. Rede, 2003), "Rotas abertas e fechadas em direção a Deus", em *Pluralismo e libertação:* por uma Teologia Latino-Americana Pluralista a partir da fé cristã (São Paulo: Loyola, 2005), "Epílogo: pluralidade nas teologias" em Teologia Latino-Americana Pluralista da Libertação (São Paulo: Paulinas, 2006) e "Salvação indígena e afro-americana" em Teologia Pluralista Libertadora Intercontinental (São Paulo: Paulinas, 2008). Em todos os textos, o autor procura contribuir com uma Teologia Latino-Americana das Religiões apresentando as interpelações das culturas indígenas ao processo teológico.

Irarrazaval retornou ao Chile e atualmente trabalha como professor de Teologia na Universidad Católica Silva Henriquez e assessora a organização de cursos de lideranças de base e de profissionais, e encontros eclesiais em diferentes países da América Latina, somando a isso sua presença como vigário na paróquia de San Roque. Ele é autor de vários livros como: *Religión del pobre y liberación* (1978), *Tradición y porvenir andino* (1992), *Rito y pensar cristiano* (1993), *Cultura y fe latinoamericana* (1994), *Inculturación* (1998), *La fiesta* (1998), *Teología en la fe del pueblo* (1999), *Un cristianismo andino* (1999), *Audacia evangelizadora* (2001), *Raíces de la esperanza* (2004), *Gozar la espiritualidad* (2004) e *Gozar la ética* (2005). Em português, destacamos *Um Jesus jovial* (São Paulo: Paulinas, 2003) e *De baixo e de dentro:* crenças latino-americanas (São Bernardo do Campo: Nhanduti Editora, 2007). Em *Um Jesus jovial,* Irarrazaval recupera a jovialidade de Jesus de Nazaré, dimensão esquecida na reflexão teológica e na pesquisa bíblica. O autor afirma que a alegria de Jesus não é exterior e nem fictícia, mas uma atitude de gozo diante da vida e dos acontecimentos, manifestada no contato com as pessoas e na simplicidade do cotidiano. A alegria e jovialidade de Jesus são distintas daquelas do templo. "A liturgia oficial é desagradável e racional. Em alguns casos o grupo crente se limita a cantar aleluias, e carece de uma ação responsável na história humana. Assim não há sintonia com o Cristo alegremente Ressuscitado, que transforma o acontecer humano" (pp. 317-318). Em *De baixo e de dentro*, o autor busca construir uma Teologia condizente com os povos originários do continente latino-americano, decorrente das suas vivências de espiritualidade, numa atividade que nasce "de baixo", isto é, das populações excluídas, e "de dentro", da cultura e da fé ameríndia.

1. Os mitos e as narrativas indígenas na produção teológica

As contribuições do teólogo Diego Irarrazaval estão presentes em artigos da coleção "Pelos muitos caminhos de Deus" e de maneira mais direta em seu livro já citado *De baixo e de dentro: crenças latino-americanas*. A provocação primeira para essas produções foi dada pelas populações empobrecidas, das classes populares – "de baixo" – e – "de dentro"– pelo próprio espaço da América Latina, como o título da obra já aponta. Irarrazaval interpela a Teologia das Religiões servindo-se das falas/crenças indígenas, questionando heranças coloniais que encobrem experiências de espiritualidade que não são relacionadas ou geradas com construções eurocêntricas.

A proposta do texto apresentado pelo autor constrói-se a partir de dois eixos importantes: o *primeiro* deles

167

refere-se ao mundo indígena e mestiço, uma encarnação em suas vivências, em suas identidades complexas, na interação entre suas culturas, em seus mitos e formas de espiritualidade e em suas outras propostas de fé em Deus. Já o *segundo* eixo refere-se a abordagens mais amplas da realidade latino-americana, provenientes "de dentro", dos espaços dessa terra. Para tanto, aproxima-se das culturas e religiosidades dos povos pobres, a partir "de baixo", relacionando sobre a ação evangelizadora por meio da inculturação e as hermenêuticas que são construídas e desenvolvidas a partir destes povos "indo-afro-mestiços".

Nesse livro, Irarrazaval refere-se às "regiões andinas que encontram harmonia entre polos contrapostos" (p. 9). Uma espécie de conciliação e convivência de contrários, não caindo em interpretações dicotômicas. Isso é possível devido à metáfora que tanto o autor quanto os povos tradicionais, originários e mestiços, da ameríndia costumam utilizar. Esse livro, portanto, procura reler as vivências latino-americanas em suas culturas e espiritualidades, em seu pluralismo e mosaico multicolorido, mas a partir de um lugar específico. Como aponta o autor: "Estou convencido de que o pensar profundo não vem de um acima unilateral, mas do pequeno e do último que humildemente é capaz de interagir com toda a realidade. Portanto, para crer e pensar, não vamos subir, mas, ao contrário, descer e gozar da intimidade e do vigor das fontes da vida" (p. 10).

Desse lugar vivencial, os povos tradicionais interpelam uma produção de Teologia com seus mitos e suas utopias. É a fé indígena que provoca a Teologia das Religiões, reprojetando-a para além das elaborações teológicas cristãs que se construíram como espaços hegemônicos

168

de onde se interpretam a espiritualidade e a cultura dos povos ameríndios. A Teologia passa, portanto, a ser desafiada pela construção de narrativas a elaborar-se com uma fé plural e diversa.

Nessa interpelação, Diego Irarrazaval apresenta quatro pontos de destaque: a) o imaginário mítico e utópico, na população Ameríndia, é heterogêneo e complexo e conjuga origens marcadas pela felicidade e pelo mal; b) a Teologiada Libertação, neste caso, ao se aproximar de mitos, ritos, utopias e éticas dos povos indígenas, não se delimita pelo tradicionalmente religioso da experiência cristã, mas se alimenta de cada busca de uma vida plena com os símbolos espirituais dos povos tradicionais; c) a reflexão cristã, nesse encontro, ressitua-se na espiritualidade e sabedoria dos povos indígenas, na fé dos "de baixo"; d) o desenvolvimento de uma solidariedade mundial é inseparável do cosmos e da qualidade espiritual dos povos, o que provoca a interação entre comunidades indígenas e outros setores da humanidade, a articulação entre teologias indígenas e outros modos do fazer-teológico, reconhecendo-se, assim, um pluralismo religioso e um pluralismo teológico (p. 42).

2. Fragmento

Ritual e pensamento indígena (pp. 105-107)

Para a população nahuatl, a verdade é *in xóchitl in cuícatl* (flor e canção) que provém da fonte da Vida e que é proclamada por *tlamantinime* (pessoas sábias). Portanto, não é a equação mente = realidade, mas um conhecimento metafórico como o de flor-e-canção, em que dialogam o divino e humano. Cada povo autóctone da América Central, da Amazônia, das serranias andinas, do Cone Sul tem seu modo de entender a natureza, a história, a divindade. Tal compreensão é inseparável da celebração, pois a palavra de fé (o mito) se alimenta do rito e vice-versa. Esta rica palavra ritual é a que, nos processos de Teologia índia, dialoga com a fé cristã.

Em minha longa convivência com comunidades indígenas e suas maneiras de fazer Teologia tenho desfrutado do seu modo de articular celebração ritual e pensamento. A programação, em seus eventos teológicos, prioriza não os discursos, mas a comunicação ritual e simbólica. No IV Encontro de Teologias Índias da América Latina (Paraguai, 2002), o substancial foram rituais e apresentações teatrais de "relatos indígenas de origem e sonhos de futuro", impugnando a globalização neoliberal e sonhando com uma bela plenitude.

Foi explicitado assim: "Convidados pelas celebrações dos povos guaranis (andinos, amazônicos etc.), saudando o Pai Sol, respeitando e beijando a Mãe Terra, purificando nossa mente e dignificando nosso coração, para pronunciar dignamente a palavra teológica de nossos povos sobre aquele que é Mãe-Pai da vida"; depois acrescenta: "O mito é uma palavra carregada de sonhos e esperanças que orienta a caminhada de nossos povos para a Terra sem Mal, para a Terra Florida" (Mensagem Final, 5,6). [...]

A partir desta sabedoria da Terra Florida retomamos a compreensão cristã da criação e da escatologia. As linguagens indígenas e as tradições bíblico-doutrinais se enriquecem mutuamente, certamente são diferentes e há aspectos irredutíveis.

A palavra bíblica inscreve a criação na história e colocou o acento no mal e na libertação. O mundo é obra de Deus. É

YHWH quem salva a humanidade e recria toda a entidade. Esta reflexão foi feita no Exílio e é retomada por Jesus de Nazaré. Quanto à visão indígena, seus mitos leem a Presença de quem sustenta a realidade, também leem a maldade e o conflito, e a condição paradoxal do ser humano. O olhar indígena ama uma realidade animada por seres sagrados. O mundo é sagrado e participa em Deus.

Parece-me que a visão indígena nos ajuda a reapreciar o sagrado e a salvação no interior da criação e da corporeidade humana. Um estudioso valoriza o existencial nas "cosmogonias míticas [...] em momentos decisivos da vida individual, como é o nascimento, a doença, a iniciação, a celebração do matrimônio e a morte [...]" e acrescenta: "Teologicamente têm interesse pelo contraste que representam com os relatos bíblicos da criação". Por minha parte, sublinho como o indígena motiva a reprojetar a situação atual e a corrigir a Teologia dominante. Em vez de coisificar e consumir a realidade – uma feição da (des)ordem moderna – nos convém mais interagir entre seres viventes, confrontar a maldade no mundo (muito presente nos mitos indo-americanos) e superar os absolutos científicos e técnicos que manipulam tudo. Também relemos nossa tradição a fim de não segregar o natural/humano da obra de salvação. [...]

Minha conclusão é que, na Ameríndia, os mitos e as utopias são modificados com elementos da modernidade. Conjugam-se as origens marcadas pelo mal com as utopias de sermos felizes. Nesta sabedoria e celebração de povos originários (sua "flor e canção"), a reflexão cristã é enriquecida imensamente.

Padre Toninho

TEOLOGIA NEGRA

Antônio Aparecido da Silva (1948-2009) foi uma das maiores lideranças do movimento teológico negro na América Latina. Conhecido como o Padre Toninho, percorreu variados caminhos para diálogo, aprendizado mútuo e assessoria a comunidades de base, movimentos populares e grupos religiosos afro-brasileiros de diferentes matizes e procedências.

Liderou o Grupo Atabaque – Cultura Negra e Teologia que, em parceria com a ASETT, realizou consultas ecumênicas, promoveu encontros, produziu material para comunidades e grupos com temas teológicos, pastorais e de negritude. Desse quadro destacam-se as seguintes produções – todas com forte participação do Padre Toninho: *Identidade negra e religião:* consulta sobre cultura negra e Teologia na América Latina (Rio de Janeiro: CEDI, 1986) e *Teologia Afro-Americana:* II Consulta Ecumênica de Teologia e Culturas Afro-Americana e Caribenha (São Paulo: Paulus, 1997). Em linhas gerais, tais eventos procuravam: colocar em comum os diversos aspectos sociais e teológicos relacionados à realidade das comunidades afro-americanas e caribenhas emergentes nas últimas décadas do século XX; analisar e aprofundar, à luz da reflexão teológica, os grandes desafios provenientes da realidade pastoral dos povos negros; aprofundar as exigências de uma "evangelização inculturada" indicadas pelas Igrejas; aprofundar a reflexão sobre as práticas ecumênicas e macroecumênicas das culturas e religiões de origem africana; investigar como as teologias feminista e índias podem representar espaço de encontro, de diálogo e de construção de novos referenciais e paradigmas teológicos.

Padre Toninho produziu vários textos. Um livro de destaque que ele organizou é *Existe um pensar teológico negro?* (São Paulo: Paulinas, 2008). Nele, o autor apresenta a ideia de "Jesus Cristo luz e libertador do povo afro-americano", ao mostrar que na diáspora do povo negro africano – e esta é a realidade do contexto latino-americano – não houve dificuldades, por parte das religiões de origem africana, de acolher Jesus Cristo como expressão concreta da fé. Não obstante a diversidade religiosa da comunidade negra no continente, Jesus é respeitado, cultuado, invocado e visto como libertador. Ao analisar a experiência dos grupos africanos Banto e Nagô, Padre Toninho indica que a Cristologia pode ser redimensionada com base na experiência de ancestralidade e de orixalidade. Trata-se da valorização do passado fazendo-o estar presente na comunidade por intermédio da mediação ancestral e da valorização da mediação que reúne, ao mesmo tempo, a identidade humana e divina, como é o caso da força universal dos orixás.

Ainda na questão cristológica, Padre Toninho enfatiza a dimensão da libertação, crucial para os povos negros devido à situação de opressão em que vivem. Daí, a afirmação de que a "Cristologia que emerge do contexto da Comunidade Negra, por certo, não é uma Cristologia centrada num mero sacrificialismo justificador das dores das vítimas do sacrifício. A vítima evoca uma atitude passiva, que é, na verdade, não atitude. A Cristologia atual, mais que um Jesus Cristo vítima, revela o Jesus Cristo mártir.

O martírio em Jesus Cristo – e é aí que a concepção cristã sobre o martírio tem o seu significado – é consequência de uma atitude ética fundamental em direção do Reino de Deus" (p. 74).

1. A contribuição da Teologia Negra da Libertação para o debate do pluralismo religioso

Em "Teologia Cristã do Pluralismo Religioso face às tradições religiosas afro-americanas" (pp. 97-107), no livro *Pelos muitos caminhos de Deus: desafios do pluralismo religioso à Teologia da Libertação* (Goiás: Ed. Rede, 2003), organizado pela ASETT, Padre Toninho mostra que uma Teologia do Pluralismo Religioso precisa necessariamente levar em consideração a realidade religiosa afro-americana, em suas mais diversas manifestações como o Candomblé no Brasil, o Vodu haitiano e a Santeria em Cuba, e as demais expressões religiosas delas decorrentes ou em interação com elementos delas, como é o caso, por exemplo, da Umbanda no Brasil, que, embora de origem nacional, é frequentemente arrolada como religião africana.

Historicamente, há uma evolução da forma como as Igrejas cristãs, tanto católica como protestantes, veem as religiões afro-americanas. Do tratamento como seitas diabólicas e objetos de ataques passa-se a uma postura de maior respeito, embora se mantenham as posturas de ameaça e de violência. Ao mesmo tempo, há pouco diálogo entre Teologia Cristã e o universo religioso das tradições religiosas africanas.

São muitos os aspectos que desafiam uma Teologia pluralista. Um deles são as limitações do fazer teológico aos espaços institucionais e magistérios das Igrejas. Uma Teologia pluralista, para ser construída, supõe diálogo e interpelações livres por parte das diferentes culturas que margeiam as experiências religiosas. A lógica racional que sustenta a Teologia Cristã ocidental, mesmo a Teologia da Libertação, precisaria ser interpelada pela concepções de mundo africanas segundo as quais o humano e o divino convivem num mesmo espaço de tempo e lugar, como o "estado de santo", por exemplo. Também a subjetividade própria da sabedoria africana carece de reciprocidade diante da racionalidade ocidental.

Outro desafio é a compreensão da salvação. A distinção presente em teologias cristãs tradicionais dos atos divinos de criação e os de salvação não é encontrada nas tradições religiosas africanas. Nelas, criação e salvação constituem em ato único divino. A salvação já está dada por Deus no ato criador. "Deus cria salvando e salva criando" (p. 102). Essa visão não despreza os procedimentos éticos, mas se isenta de uma quase obsessão pela salvação, como vista em alguns grupos cristãos, que gera formas religiosas "de barganha" humana com Deus e formas de exclusivismo. O compromisso ético não se baseia tanto na busca incessante de uma salvação, mas de um equilíbrio, de um bom relacionamento entre as pessoas e delas com a natureza e de uma fidelidade ao divino.

Relacionadas a esse tema surgem as questões cristológicas. Há uma forte tendência em religiões africanas de incorporar Jesus Cristo em seus esquemas e simbologias. E isso, em geral, se dá não como mera assimilação igualando-o, por exemplo, aos Orixás, mas como novidade de vida especialmente ligada à superação de condições aviltantes como a escravidão. Trata-se de uma nova percepção de fé forjada pelo contexto opressivo da diáspora. Jesus, mesmo com nomes variados, vai estar presente e atuante na vida das pessoas. O que isso pode representar para a Teologia Cristã em seus processos de renovação e de busca de referenciais mais profundos para a fé?

A dimensão sacramental também é desafiadora. Para o autor, o mistério da Eucaristia nas Igrejas cristãs e o estado de santo nos cultos do Candomblé, por exemplo, evidenciam momentos absolutos da relação do humano com o divino, e, portanto, uma Teologia do Pluralismo Religioso deveria dar, minimamente, a mesma excelência a ambos, sendo assim vistos como "sacramentos".

2. Fragmento

Teologia Cristã e Teologia das Heranças Religiosas Africanas (pp. 99-101)

A subordinação da Teologia cristã aos magistérios eclesiásticos ocasionou um fechamento, dando a esta, não poucas vezes, um enquadramento muito mais de doutrina que de sabedoria ou ciência. Ao mesmo tempo em que se tornou um corpo fechado, a Teologia Cristã legitimou a si própria e desconsiderou as outras possíveis teologias. Ainda hoje causa estranheza a muita gente quando se fala em Teologia do Candomblé, do Vodu ou das Heranças Religiosas Africanas.

Entretanto, são autênticas as reivindicações das teologias de tais religiões. Lembra Jacques Dupuis que "a automanifestação pessoal realizada por Deus na história das nações assume uma tal forma que permite falar, em Teologia, de uma verdadeira revelação divina", mesmo em contextos não cristãos. Portanto, o esforço de elaboração de uma Teologia Cristã do Pluralismo Religioso tem por tarefa primeira abrir o espaço teológico às demais religiões e, neste caso, às religiões afro-americanas, reconhecendo-lhes a legitimidade.

É fato entre nós que, na história dos quinhentos anos de América Latina, os meios de produção foram privatizados e mantidos sob o domínio de poucos. O mesmo ocorreu com os bens simbólicos. Assim, podemos falar em verdadeira privatização da Teologia denominada Cristã enquanto um bem simbólico. Por conseguinte, é preciso desprivatizá-la para que se estabeleça o diálogo inter-religioso.

A Teologia Cristã do Pluralismo Religioso ou será dialogante, ou não será Teologia do Pluralismo Religioso; sem diálogo aberto será uma falsa proposta. Entretanto, mesmo nos tempos atuais, o diálogo inter-religioso encontra-se prejudicado e até mesmo impossibilitado pelo relacionamento assimétrico entre as teologias em questão. Não há possibilidade de diálogo enquanto a Teologia Cristã for considerada "a Teologia", e a Teologia das Heranças Africanas continuar sendo considerada "mera crendice".

A esta altura vem-nos necessariamente a pergunta: quem será o sujeito da Teologia do Pluralismo Religioso? Nos tempos atuais, o teólogo tem autonomia para isto? A tentativa de Jacques Dupuis esbarrou no braço forte do Magistério Eclesiástico. Bons foram os tempos do Concílio em que Congar ousava falar em Magistério Teológico.

O necessário diálogo inter-religioso, como condição de possibilidade para a Teologia do Pluralismo Religioso, por um lado deve descartar a pretensão de enquadrar a sabedoria emanada das religiões afro-americanas dentro de padrões racionalizados e metodologicamente rígidos que predominam na Teologia Cristã; por outro lado deve incentivar a Teologia das Heranças Africanas à elaboração sistematizada de suas ricas e preciosas experiências, superando um certo espontaneísmo dispersivo.

O ponto de partida de ambas as teologias é, sem dúvida alguma, a elaboração da realidade e das experiências das comunidades à luz da fé. A comunidade dos fiéis (*comunitas fidelium*) é o eixo para a reflexão e sistematização das reflexões teológicas. Neste caso, para tais teologias a sistematização teológica não é apenas um discurso racional sobre Deus, mas a sensibilidade diante das experiências concretas de Deus.

Ocorre ainda elucidar que, assim como a Teologia Cristã reúne uma diversidade de denominações: católicas (romana, ortodoxa), protestantes de várias origens, pentecostais e neopentecostais; a Teologia das Religiões Afro-Americanas ou das Heranças Africanas é caracterizada também por uma pluralidade interna. O Candomblé, a Santeria, o Vodu são conglomerados de cultos e nações com suas particularidades. Entretanto, assim como, não obstante a variedade, é possível falar em Teologia Cristã no singular, do mesmo modo, a pluralidade que caracteriza a Teologia das Religiões Afro-Americanas não é empecilho para que seja reconhecida como unidade. Se a amálgama que permite a unidade da Teologia Cristã é a fé da comunidade no Deus de Jesus Cristo, o ato unificador das tradições africanas é a experiência centrada no Deus da Vida mediatizada pelo AXÉ.

Quanto aos aspectos metodológicos, ambas as teologias têm bem definidos seus pressupostos epistemológicos. A Teologia Cristã tem seus tentáculos na filosofia ocidental.

Com raras exceções, o seu iter metodológico seguiu sempre o racionalismo idealista. Mesmo a Teologia da Libertação, com sua postura revolucionária, não foi além de um hegelianismo de esquerda, no entender de alguns. A razão instrumental que presidiu o conhecimento nos tempos da modernidade atingiu também o conhecimento teológico e o condicionou.

A Teologia das Heranças Africanas se fundamenta numa concepção de mundo de relações, mais que dialéticas, verdadeiramente analéticas. O humano e o divino convivem num mesmo espaço de tempo e lugar. É a lógica da não lógica. Qual lógica é capaz de dar conta de uma realidade em que o humano e o divino transformam a corporeidade em carregadora de ambos? Qual lógica explica o "estado de santo"?

Está evidente que os pressupostos do conhecimento numa e noutra reflexão teológica não seguem os mesmos caminhos. Entretanto, a aproximação entre elas pode determinar uma nova via de conhecimento capaz de dar conta da realidade plural que envolve o seu humano. A subjetividade que caracteriza a sabedoria africana põe em cheque a racionalidade que distingue o procedimento ocidental, contudo se carecem reciprocamente.

LUIZA TOMITA

TEOLOGIA FEMINISTA E ECUMENISMO

Teóloga católica leiga, nascida em São Paulo, Luiza Tomita possui experiência docente na Pontifícia Faculdade de Teologia Nossa Senhora da Assunção e em outros institutos teológicos em São Paulo.

Tomita tem se destacado na reflexão sobre a Teologia Feminista, especialmente no tocante à dimensão latino-americana. Suas experiências de pesquisa no Núcleo de Estudos Teológicos da Mulher na América Latina (NETMAL), ligado à Universidade Metodista de São Paulo, e na comissão teológica da ASETT deram consistência e densidade a suas reflexões. Nesse contexto, organizou, com Marcelo de Barros e José Maria Vigil, a série "Pelos muitos caminhos de Deus", que apresenta, em vários volumes, as reflexões teológicas latino-americanas sobre o tema das religiões.

No primeiro volume, com o mesmo título da série e com o subtítulo "Desafios do pluralismo religioso à Teologia da Libertação (Goiás: Ed. Rede, 2003), Tomita apresenta a contribuição da Teologia Feminista para o debate do pluralismo religioso. A partir de relatos de teólogas e estudiosas da religião, a autora elabora a sua reflexão mostrando como tais experiências, por estarem conectadas à religiões afro-brasileiras e indígenas, são propulsoras de uma nova Teologia. A pergunta básica é como se dá a vivência do pluralismo por essas pessoas no âmbito de suas religiões e comunidades e como se dá a experiência de Deus nesse mesmo contexto. Tomita conclui que o diálogo inter-religioso desenvolvido revela que o feminismo tende a se fortalecer e a ultrapassar as barreiras patriarcais dos dogmas sexistas.

A perspectiva feminista do diálogo inter-religioso busca elementos, princípios e práticas de natureza libertadora não apenas para as mulheres, mas para os diversos grupos marginalizados e discriminados socialmente, tendo como base um conceito de divindade não sexista, não patriarcal, não elitista e não racista. Nesse sentido, destaca-se a necessidade de se valorizar as religiões e culturas que são desconsideradas na sociedade.

Como decorrência dessa referida busca está a necessidade de uma revisão da Cristologia, de modo que ela não se restrinja a uma mensagem centrada em um único indivíduo, mas em uma comunidade. Seria a possibilidade das experiências religiosas que se pautam pela inter--relacionalidade, pelo compartilhamento do poder, pela constituição de relações internas justas, pelo respeito aos velhos, às crianças e à natureza. Nas palavras da autora: "Não se pretende com esta proposta jogar fora a pessoa histórica de Jesus, mas ele deve permanecer como uma figura paradigmática, por sua mensagem e práxis. A comunidade se torna central, mas as pessoas dentro dela devem ser modelos de vivência comunitária, de práxis de solidariedade, de fraternidade/sororidade, de luta contra a desigualdade e injustiça social" (p. 114).

O diálogo inter-religioso também produz no interior de cada expressão religiosa mudanças e identificação de desafios. No caso do cristianismo, Tomita ressalta a necessidade de crítica do papel que ele desempenhou nos processos de colonização e catequização dos povos, cuja marca de intolerância, violência e rejeição das outras religiões e culturas, consideradas como demoníacas, está fortemente presente até os dias de hoje. A Teologia Feminista pode contribuir para essa revisão do lugar da religião no projeto de libertação.

1. A contribuição da Teologia Feminista da Libertação para o debate do pluralismo religioso

No texto "Crista na ciranda de Asherah, Isis e Sofia: propondo metáforas divinas para um debate feminista do pluralismo religioso" (pp. 107-124) publicado no livro *Pluralismo e libertação:* por uma Teologia Latino-Americana Pluralista a partir da fé cristã (São Paulo: Loyola, 2005), organizado pela ASETT, Luiza Tomita apresenta os esforços de desconstrução da Cristologia efetuados por várias teólogas nas últimas décadas. O próprio termo "Crista", no sentido de comunidade, visa impedir, ou atenuar, que haja uma identificação única de Cristo com Jesus. Ao combiná-lo com comunidade, espera-se desviar o foco da salvação de indivíduos heroicos, e, assim, afirmar a convicção sobre a santidade da comunidade.

Além das questões especificamente cristológicas, Luiza Tomita indica duas outras que representam desafios importantes no debate do pluralismo religioso: o conceito de salvação e a questão do monoteísmo.

A concepção da salvação entendida como cura e doação de vida relativiza uma série de mitos de origem sobre o pecado e a culpa: grande parte da culpa foi histórica e ideologicamente atribuída à mulher. A crítica da visão/teoria agostiniana do pecado original – e, mesmo, a ruptura com ela – faz com que a Teologia tradicional da salvação perca o sentido. A salvação ligada a uma Cristologia da reconciliação do humano, não mais o libertando do seu estado inicial de pecado, mas sim do pecado estrutural, ganha novo sentido. A dimensão salvífica passa a estar ligada à cura, à elevação da autoestima, à doação de vida, à acolhida no seio da comunidade. Dessa forma, a Teologia Cristã teria condições de ser mais fiel a seus princípios de igualdade de todos os seres humanos, de ter a comunidade fundamentada na justiça e na paz e de expressar o poder divino como representante do amor em sua plenitude.

De forma similar está o tema do monoteísmo, uma vez que ele foi canalizado para uma imagem sempre masculina de Deus. Inclusive tornou-se um "golpe" contra culturas ancestrais que possuíam a crença em divindades femininas e que por isso empoderavam as mulheres. O monoteísmo afetou a vida das mulheres ao acabar com a bissexualidade da divindade e assim afastar as mulheres da natureza divina. Também introduziu um dualismo entre o corpo e o espírito, entre a humanidade e a natureza, entre Deus e o mundo. Uma espiritualidade centrada em Deusa possibilita uma reflexão da realidade corporificada no cotidiano, tanto nas dimensões de prazer como nas de dor, incluindo as mudanças e os processos do corpo, da vida pessoal, da autoafirmação e, ao mesmo tempo, conectada ao compromisso social e à atividade política. Dessa espiritualidade surgem as possibilidades de afirmação do corpo, tanto em seu poder erótico como em seu poder criativo de dar a vida e de ser fonte de cura.

O esforço da Teologia Feminista da Libertação em buscar imagens femininas de Deus está centrado na expressão da fé em uma divindade que esteja preocupada com as situações de opressão e violência que marcam a vida de parcelas consideráveis da população, especialmente mulheres. Tal divindade, despida de androcentrismos e das consequentes formas de patriarcalismos e sexismos, promove a cura, valoriza o corpo, a sexualidade, o cuidado e a proteção da natureza com uma consequente responsabilidade ética pela criação. Aliás, tal perspectiva estabeleceria saudáveis conexões com as religiões indígenas e africanas, uma vez que elas possuem imagens divinas menos autoritárias, mas que habitam ou se revelam no meio da comunidade, baseiam-se em uma inter--relacionalidade, uma solidariedade e um maior respeito às pessoas e à natureza.

2. Fragmento

A Cristologia no debate feminista (pp. 107-113)

O debate sobre o pluralismo religioso na América Latina parece-me extremamente relevante, tendo em vista o fato de vivermos num continente multicultural e multirreligioso. Em nível mundial, percebe-se que a intolerância religiosa, ao lado dos interesses econômicos e políticos, é um dos grandes motores que geram a violência, causando a morte de milhares de inocentes, principalmente no Terceiro Mundo. John Hick (2000) afirma que a discussão sobre um cristianismo capaz de dar respostas para crentes e não crentes num mundo conturbado por guerras, violência e injustiça social centraliza-se na discussão sobre o significado de Jesus Cristo hoje e a doutrina da encarnação. As teólogas feministas da libertação, entretanto, têm ido além: elas não só discutem o tema da Cristologia, mas estão discutindo sobre o problema do monoteísmo e sobre as metáforas patriarcais utilizadas na construção da imagem de Deus. Estes são temas cujo debate é extremamente urgente se queremos transformar a Teologia e as estruturas injustas que geram a exclusão, a miséria e a violência, impossibilitando a vinda do Reino entre nós.

Entre as teólogas feministas a discussão sobre o pluralismo concentra-se menos ao redor das diferenças entre as religiões, mas ao redor dos dogmas que têm excluído as mulheres das instâncias de decisão e do poder nas Igrejas cristãs. Além disso, alguns desses dogmas também têm marginalizado homens e mulheres de diferentes raças e culturas, em nome de um Cristo branco, de traços europeus. Os limites definidos pelas religiões não são demarcadores de águas para as mulheres, uma vez que nosso debate teológico encontra-se exatamente no seio dos dogmas patriarcais androcêntricos e sexistas. Assim, os dogmas estão sendo analisados e criticados e novas formulações estão sendo propostas. Este debate tem irmanado as teólogas feministas cristãs e não cristãs que consideram o sexismo nas religiões uma causa comum contra a qual devemos nos lançar, coletivamente. [...]

A Cristologia é um dos tratados teológicos que mais tem despertado o interesse das teólogas feministas. Centralizando a salvação na figura de um varão, as cristologias da reconciliação têm se apresentado como sério problema para a emancipação das mulheres. Mas não é apenas para as mulheres que a centralização da liderança, da redenção, num homem, branco, representa um obstáculo. Muitos povos foram colonizados, humilhados, feridos, dizimados, em nome de um cristianismo fundamentado numa Cristologia da reconciliação. Essa Cristologia não representa um problema apenas pelo fato de postular a redenção por meio de um varão, mas também porque implica uma Teologia da Cruz. Ao justificar o sofrimento humano nesta terra, na esperança de uma recompensa após a morte, prega um cristianismo de passividade, de resignação, de submetimento, de autonegação. Carter Heyward (1981) afirma que esta é uma teoria manipulada pelos privilegiados – os que estão acima, os representantes dos homens brancos e ricos – para simbolizar o império de tudo o que está estabelecido. Assim, justificam e bendizem as estruturas desiguais do capitalismo, assim como o racismo, o sexismo, o heterossexismo, o antissemitismo. [...]

A Teologia Feminista percebe um desequilíbrio na tradição cristã, resultante de uma construção hierárquica sexuada que se manifesta tanto na doutrina de Deus Pai como patriarca divino, como também na noção de Jesus como o único filho de Deus. Para Mary Daly, uma grande parte da doutrina cristã sobre Jesus tem sido docética, significando que a humanidade de Jesus nunca foi levada a sério, como pessoa livre, de extraordinário caráter e missão, que desafiou as crenças e as leis convencionais. [...]

Outras críticas procuram resgatar a mensagem do anúncio messiânico de Jesus de Nazaré e suas concepções sobre o Reino. Rosemary Radford Ruether (1993) parte do princípio de que a Cristologia afirmada no Concílio de Calcedônia não é o resultado de uma evolução consistente a partir da compreensão hebraica de Messias, mas representa um repúdio aos elementos-chave da esperança messiânica judaica. Ela lembra que esta reunia duas ideias: a do rei messiânico de uma nova era de redenção e a da sabedoria divina que fundamenta e revela o cosmo, unindo o humano ao divino. E é surpreendente que, em suas origens remotas, pré-hebraicas, essas duas ideias apresentavam uma figura feminina como protagonista central. [...] O importante, [para a autora] é o relacionamento dinâmico entre redentor e redimido, cuja comunidade cristã continua a identidade de Cristo, como videira e ramos, a *pessoalidade crística* se revelando em nossas irmãs e irmãos. [...]

Rita Nakashima Brock (1992), avançando além de uma compreensão unilateral do poder, desenvolve também uma Cristologia não mais centrada em Jesus, mas na relação da comunidade como o centro do cristianismo que se faz pleno e tem poder de cura. Nesse sentido, Cristo é o que ela chama Crista/Comunidade. A Crista/Comunidade é uma realidade vivida, expressa em imagens relacionais, onde o *heart* se manifesta. *Heart* – o ser em estado de graça original – é o nosso guia aos territórios do poder erótico. Esta realidade dentro do ser conectado significa que este não pode ser localizado em um único indivíduo. Portanto, o cristológico é aquele que verdadeiramente revela a encarnação divina e o poder salvífico na vida humana e deve residir no estar conectado, em comunidade, e não em indivíduos únicos, isolados. Assim, ela repudia a ideia do salvador-herói que desafia as autoridades estabelecidas e obedece ao Pai.

Para evitar o cristocentrismo e propor uma leitura feminista da Cristologia, Ivone Gebara (1994) propõe Maria como Salvadora, ao lado de Jesus, afirmando a possibilidade de mulheres salvadoras, ao lado de homens salvadores. Nesse sentido, a pessoa do(a) salvador(a) se identificaria por valores e qualidades buscados nos diferentes contextos e épocas. Como uma realidade dinâmica, estaria sempre em mutação, embora conserve as características de alguém de certa forma "superior", capaz de responder às diferentes necessidades históricas dos fiéis.

O escândalo da Cristologia, para a maioria das feministas, consiste no fato de se promover uma figura masculina de Deus, tendo as mulheres de se confrontar com a figura de um homem como pessoa paradigmática. A simples superação da masculinidade do Jesus histórico como um fato contingencial, a relativização da linguagem e a ênfase na mensagem de Jesus como mensagem revolucionária parecem não ser suficientes para superar as cristologias tradicionais. Todos os suportes simbólicos da Cristologia precisam ser reinterpretados (Ruether). O repúdio às figuras de heróis e heroínas deve ser implementado. Esse repúdio, concentrando a ideia salvífica na relacionalidade, na comunidade, pode afastar-nos de governos do tipo autoritário, que concentram a ideia de salvação em uma figura única. Além disso, está mais próximo de um diálogo com o pluralismo religioso, como nos mostra o trabalho que teólogas latino-americanas estão realizando com e nas comunidades afro-americanas e indígenas. Nesse sentido, não apenas recupera a visão das mulheres, mas também a de povos e raças oprimidos, tanto do ponto de vista econômico-social como étnico-racial. A inter-relacionalidade entre as pessoas na comunidade é colocada em destaque; a comunidade é salvífica nas religiões afro-americanas. O poder é mais partilhado e um grande respeito aos velhos, às crianças e a toda a natureza é observado.

AFONSO SOARES

VALOR TEOLÓGICO DO SINCRETISMO RELIGIOSO

A fonso Maria Ligório Soares tem se destacado no campo da pesquisa e da reflexão teológica. Paulista da cidade de Santo André, Ligório nasceu em 1960. Além de seus trabalhos como cientista da religião, tem se dedicado, como teólogo católico, às pesquisas sobre religiões e culturas afro-brasileiras e aos estudos sobre teodiceias no pensamento contemporâneo. A experiência como integrante do Centro Atabaque de Teologia e Cultura Negra, da Associação Brasileira de História das Religiões (ABHR) e a liderança na Sociedade de Teologia e Ciências da Regilião (SOTER) e na International Network of Societies for Catholic Theologies (INSeCT) conferem ao autor uma base sólida que articula adequadamente a substancialidade teórica da pesquisa com uma sensível responsabilidade eclesial.

Professor de Teologia e Ciências da Religião na Pontifícia Universidade Católica de São Paulo, organizador de vários livros, sempre com temas vitais da Teologia Latino-Americana, Ligório tem divulgado autores como Juan Luis Segundo, Jon Sobrino e Torres Queiruga. O esforço, nesse sentido, é de destacar a contribuição da Teologia Latino-Americana da Libertação em pensar formas eclesiais que possam ser mais proféticas e mais atentas aos sinais e desafios da atualidade. No campo da Teologia das Religiões, organizou *Dialogando com Jacques Dupuis* (São Paulo:

Paulinas, 2008) que, além de apresentar a vida e a obra do referido autor, mostra também o processo de notificação da Congregação para a Doutrina da Fé da Igreja Católica Romana a propósito do livro *Rumo a uma Teologia Cristã do Pluralismo Religioso*. Ligório relembra que para Dupuis a Teologia somente será autenticamente católica se for inclusiva, universal e integradora das diferentes experiências religiosas. Destaca no texto que, para o teólogo belga, há unicidade relacional do mistério de Cristo com as demais religiões e "a Teologia Cristã precisa levar em consideração os diversos caminhos de salvação" (p. 13).

Ligório tem se dedicado ao tema do sincretismo religioso. A obra *Interfaces da revelação:* pressupostos para uma Teologia do sincretismo religioso no Brasil (São Paulo: Paulinas, 2003) tem sido um marco do debate sobre o tema. Em diálogo com Juan Luis Segundo, Andrés Torres Queiruga e outros pensadores de destaque, nosso autor estabelece uma profícua relação com o campo religioso brasileiro, percebendo devidamente as dimensões normativas da fé e os aspectos formativos da cultura. A partir disso, estabelece um encontro entre a tradição teológica latino-americana e a simbólica das religiões afro-brasileiras, tendo como objeto material o sincretismo religioso entre catolicismo e tradições oriundas da África.

Sua perspectiva é de dar positividade à noção de sincretismo. Para ele "pode-se falar, portanto, de fé sincrética para identificar o modo mesmo que uma fé 'concretiza-se'. De fato, não existe fé em estado puro; não temos antes uma fé (religiosa) à qual acrescentamos depois uma ideologia. A fé mostra-se na práxis. Por isso, quem diz fé sincrética, diz, de certa forma, fé inculturada. A diferença (não indiferente) é de trajeto, ou seja, o ponto de vista de onde se observa ou de onde se participa da invenção religiosa popular. A comunidade eclesial propõe-se a inculturar a mensagem evangélica; o povo responde, acolhendo (inreligionando) a 'novidade' de acordo com as suas reais possibilidades contextuais (políticas, culturais etc)" (ibidem, p. 246). As consequências para o fazer teológico são diversas e todas igualmente desafiadoras. Não se trata necessariamente de uma visão heterodoxa, ao contrário, "as matrizes bíblico--simbólicas do cristianismo são intrinsecamente abertas a novas releituras e reconceitualizações" (ibidem, p. 252). Isso deve se dar em diálogo e em abertura para um processo de reformulação dogmática, que podem muito bem serem feitos entre e em conjunto com diferentes religiões.

1. Por uma Teologia "entrefés" (*Interfaith Theology*)

Em *No espírito do Abbá:* fé, revelação e vivências plurais (São Paulo: Paulinas, 2008), Ligório Soares revisita a Teologia do Sincretismo, entendida como possibilidade de se pensar a fé num contexto de diálogo inter e intrarreligioso. As pressuposições básicas dessa perspectiva são: a) que expressão religiosa alguma vive em estado puro ou está isenta de ambiguidades e, portanto, pode e deve estar aberta às outras em um processo de aprendizado; e b) que o sincretismo, ao contrário do sentido na maior parte das vezes negativo atribuído ao termo, pode ser compreendido como ressemantização das experiências religiosas a partir das relações aprendidas no mundo do outro. É o que dará base para o autor indicar uma Teologia "entrefés" (*interfaith*) que aprende das realidades religiosas de sincretismo que "não há etapas rumo a esta ou aquela religião total, pois nenhuma fé ou espiritualidade esgota o Sentido da Vida" (ibidem, p. 213). As vivências espirituais sincréticas seriam sadias provocações aos conceitos enrijecidos pela lógica dogmática e devem ser vistas como fonte de novidade na busca de formas novas e mais autênticas de compreensão da fé tradicional.

Tal perspectiva teológica não se confunde com a ideia de que "tudo cabe", tornando essa visão desprovida de um referencial ideológico e de verdade. Ao contrário, seguindo a intuição universal e pluralista de que "todos cabem" – e, aqui, portanto, a dimensão humana é ressaltada – "não nos parece epistemologicamente difícil avançar na proposta de uma ética (H. Küng) ou *ethos* (L. Boff) mundial; e será sempre simpático enveredar por um caminho místico que supere as demarcações teo-lógicas (R. Panikkar). Também é fácil descartar pastiches de pluralismo religioso como os *blockbusters* da trilogia *Matrix*. Mas, ainda nos retém do lado de cá a velha noção de verdade" (ibidem, pp. 220-221). Não se trata de uma expectativa de dizer a verdade cabal, mas uma Teologia do Sincretismo pode, ao menos, desmascarar pretensas verdades, especialmente pelo recurso e mediações necessárias das ciências, revelando, assim, fronteiras porosas que podem se tornar espaços significativos de reeducação como seres humanos. No primeiro capítulo, o autor já mostra que tal processo de reeducação deve revelar a validade e a relevância do esforço teológico, que articula a realidade plural e a tradição, para o bem das comunidades de fé. Esse exercício deve levar em consideração as hermenêuticas em conflito nos contextos eclesiásticos, em especial o católico-romano devido ao número crescente de "notificações" e processos sobre pesquisas em diferentes áreas, sobretudo no campo inter-religioso.

As tradições religiosas de origem africana são destacadas na obra, especialmente no tocante à discussão sobre a revelação. A pressuposição é a realidade plural da América na atualidade. Nela, há uma complexidade de fenômenos religiosos e uma simultaneidade (diferentemente de outros contextos, como o europeu, por exemplo) entre situações de crise da religião e de reavivamento religioso. Verificam-se experiências de personalidades católicas que vão ao encontro dos mistérios ancestrais africanos e de personalidades do mundo religioso afro que buscam o catolicismo. Ambos os movimentos revelam intensa criatividade religiosa e desejam encontrar significados mais profundos e novos de sua própria tradição por meio de relações sincréticas.

A obra também analisa movimentos espiritualistas-esotéricos, que, embora não se reconheçam como religiosos, possuem estruturas simbólicas, objetivos, processos iniciáticos muito próximos aos de religiões, inclusive da visão judaico-cristã. Analisa também as interações religiosas híbridas e sugere a possibilidade de pensar o futuro das novas gerações dentro de um marco, de uma forma de pensamento interconfessional ou transconfessional. Tal forma daria condições para a construção de uma Teologia "entrefés".

2. Fragmento

Sincretismo como pluralismo em ato (pp. 192-197)

O sincretismo faz parte das relações históricas entre as religiões. Até quem o rejeita em geral o faz a partir da uma religião que também é, em alguma medida, sincrética.

Mas a realidade mesmo do sincretismo e da dupla vivência religiosa continua sendo um dos pontos mais delicados e controversos do diálogo inter e intrarreligioso, tanto para os teólogos católicos mais afinados com o paradigma romano, quanto para os mais sensibilizados pelas CEBs. De fato, sabemos hoje que não são exceções à regra as inteiras comunidades latino-americanas que vivem seu cristianismo popular sem abrir mão de milenares tradições espirituais.

Ressalte-se, porém, que a vivência sincrética do cristianismo não é uma invenção de indígenas latino-americanos e de afrodescendentes. Ocorre na história dos povos um autêntico jogo dialético em que, primeiramente, o povo vencedor tenta impor-se eliminando a religião do povo vencido (antítese); em seguida, o dominador acaba aceitando os elementos mais válidos ou mais fortes dos oprimidos (tolerância, coexistência pacífica); no final, chega-se a uma síntese. O cristianismo, por ser uma religião universalista, não pôde se subtrair ao sincretismo, já que chamou sobre si a responsabilidade de conter, em princípio, toda a pluralidade encontrável no gênero humano.

A atual hierarquia católica, embora com mais pudor, ainda reluta quanto à melhor maneira de lidar com a espiritualidade sincrética. No fundo, por uma questão de poder. Todavia, indiferentes à controvérsia, grandes segmentos da população de nossos países continuam cultuando seus deuses e observando alguns ritos cristãos, plenamente convencidos de que tais modos de compreender e praticar a religião são seguramente católicos. "Eu sou católica apostólica romana espiritista, graças a Deus", me dizia certa vez uma ialorixá.

É certamente distinto abordar tais interações do ponto de vista da Ciência da Religião e do lugar da Teologia. No entanto, os estudos culturais põem uma boa dose de realismo

194

nas aferições teológicas quando mostram a falta de consenso para se estabelecer os critérios que definem uma tradução cultural ou um hibridismo incorreto. O conselho que nos vem desses estudiosos é ter a sensatez de levar em consideração as práticas sincréticas persistentes, sem deixar de pôr atenção nos pontos de vista da parte reclamante, a saber, aqueles que viram determinado item de seu sistema de crenças ser apropriado por outrem e não gostaram da adaptação.

Há sempre a saída, algo idealista, de propor que seja banido para sempre do mundo teológico o conceito de sincretismo, "pois um sincretismo correto e ortodoxo recebe hoje a denominação de inculturação, que não vem carregada por leituras negativas do passado como se dá com o termo sincretismo". A questão é saber até que ponto podemos avançar na segurança de estarmos em um sincretismo correto e ortodoxo. Será que todos os elementos de dada cultura ou religião são plenamente traduzíveis em outro código linguístico-dogmático?

Parece que não. As variáveis sincréticas são justamente o rastro que vai ficando ao longo do caminho da autocomunicação de Deus na história. Porque sentem essa pressão reveladora do divino em suas vidas, mas não têm tempo e condições de calar sua resposta enquanto não conseguem elaborá-la cabalmente, indivíduos e comunidades vão se arriscando, de tentativa em tentativa, a traduzir suas descobertas e experiências com a linguagem que têm à disposição.

Desafio à parte para a Teologia fundamental seria averiguar aquilo que em uma dada época, cultura ou região mais resiste a ser traduzido ou inrelogionado, e também aqueles elementos que inexoravelmente vão-se perdendo no processo de tradução ou recriação da tradição.

O sincretismo mais se parece a uma constante antropológica e deve ser estudado com os melhores recursos da ciência, independentemente de nossos pressupostos axiológicos.

À revelia dos interditos teológico-eclesiais, o tema das bricolagens e hibridismos culturais seguiu seu caminho na literatura científica. Alguns o abordam a partir da teoria evolucionista; outros preconizam o culturalismo e veem-no como etapa que inclui conflitos, acomodação e assimilação rumo à desejada aculturação; outros ainda inauguram uma fase de explicações mais sociológicas, analisando a capacidade de o navio "digerir" a seu modo a novidade alienígena; e assim por diante. O certo mesmo é que vão caindo, um a um, os mitos de outrora: a tese do sincretismo como máscara colonial para driblar a dominação; a hipótese do sincretismo como estratégia de resistência; a sinonímia com justaposição, colcha de retalhos, bricolagem (Lévi-Strauss) ou aglomerado indigesto (Gramsci), pois não explicariam os casos em que a religião permanece como um todo integrado. Tem-se maior consciência do preço que pagaram certos conceitos por estarem atrelados a determinadas teorias. Ou, ainda, do reducionismo de ver o sincretismo num arco de bipolaridade do tipo pureza *versus* mistura, separação *versus* fusão etc.

Como vimos, pode ajudar-nos neste cipoal de terminologias e usos ideológicos a síntese proposta por Sergio Ferretti, que inclui no guarda-chuva do sincretismo uma escala de zero a três, em que zero seria a hipotética separação entre duas religiões que jamais se tocaram, o nível um consistiria nas primeiras misturas, junções ou fusos inter-religiosos, o nível dois contemplaria a construção de paralelismos ou justaposições entre símbolos e signos religiosos, chegando-se, enfim, ao nível três, da convergência ou adaptação.

196

A questão, portanto, não é se somos ou não sincréticos – uma atenta resenha dos bons estudos culturais disponíveis demonstra inequivocamente que, mais ou menos, o somos todos –, mas até que ponto da estrada queremos ou aguentamos ir nesse intercâmbio, sem prejuízo da inspiração cristã original. Mesmo que chamemos essa tradução de inculturação ou de "sincretismo ortodoxo", o importante é ir aprendendo a detectar nesse processo de empréstimos quando ele é comandado por delimitações fora das quais já não se percebe nenhum *continuum* com a tradição cristã.

Aloysius Pieris

MAGISTÉRIO DOS POBRES E O DIÁLOGO INTER-RELIGIOSO

Aloysius Pieris (1934 -) nasceu em Ampitiya, no Sri-Lanka, país do continente asiático. É teólogo e sacerdote católico (jesuíta), especialista em estudos comparativos entre o budismo e o cristianismo, com pesquisas que sinalizam a interação fértil entre essas duas tradições religiosas. Tanto que foi o primeiro cristão que obteve o doutorado em filosofia budista na Universidade Budista do Sri Lanka. Em continuidade com esse projeto e na procura de elaborar suas reflexões sem ser necessário morar nos países do Ocidente ou nos bairros urbanos de sua cidade, fundou em 1974, o Centro de Estudos Tulana, no vilarejo de Kelaniya (Sri-Lanka), espaço responsável por pesquisas e intercâmbios interculturais e um importante local de diálogo inter-religioso.

Nas reflexões de Pieris, nota-se a construção de uma Teologia do Pluralismo Religioso articulada entre dois compromissos: a procura da fidelidade ao que é singular na fé cristã, que Jesus é o pacto de defesa de Deus com os oprimidos; e a confirmação de uma espiritualidade comum, cósmica, entre as distintas religiões, com a proclamação – no cristianismo – do Cristo como alguém que confronta as realidades de injustiça e empobrecimento e não se alia ao culto a Mamon. Busca-se, assim, com essa reflexão, a elaboração de uma "Teologia da Libertação das Religiões" no contexto asiático.

A produção de Pieris está presente em diversos livros e artigos. Em português, encontramos como publicação *Viver e arriscar:* estudos inter-religiosos comparativos a partir de uma perspectiva asiática (São Bernardo do Campo: Nhanduti Editora, 2008). Os textos organizados nesse livro caminham por quatro direções: i) a construção de um paradigma asiático no horizonte da Teologia das Religiões; ii) as vivências pessoais, com "parábolas autobiográficas", como o próprio autor aponta: "Escrevi livros, não livros a partir de livros, mas livros a partir da experiência" (p. 34); iii) os estudos comparativos entre o budismo e o cristianismo, apontando o *humor* profético para a transformação do mundo como uma novidade nessa relação; iv) as questões metodológicas em estudos comparados entre as grandes religiões.

A vida do padre Aloysius Pieris é sinalizada numa travessia do "Ganges ao Gólgota", das vivências nas margens do rio, com o chamado *primeiro batismo*, o mergulho nas águas sagradas para os hindus, com a liberdade de entrada e a saída; à entrega e a convivência com os corpos crucificados no Gólgota, como jovens rurais presentes na insurreição ocorrida em 1971 no Sri Lanka, que provocou o *segundo batismo* de nosso autor. Na água do rio fez, com humildade, uma renúncia ao poder de uma espiritualidade não apreendente e exclusivista. No Ganges, "qualquer pessoa podia entrar na água, assim como Deus não é monopólio de ninguém, mas acessível para cada um e em cada lugar. *Pode alguém impedir você de entrar em Deus?* (p. 24, *grifo nosso*). Em relação com essas águas do divino, que não se represam, mas continuam seguindo a correnteza, Pieris constrói a sua vida e a sua Teologia. Entretanto, preocupa-se com os Gólgotas que estão a sua volta, com uma espiritualidade relacionada com a "religiosidade e pobreza", com as situações de pluralidade religiosa e com as questões de violência, injustiça e conflitos étnicos, que implicam, assim, um conflito "Deus--Mamon", consideração cristã, herança de uma cultura religiosa cósmica.

A reflexão de Aloysius Pieris é construída numa interpelação entre a Teologia da Libertação no continente asiático e a Teologia das Religiões. Mas, ao mesmo tempo, é uma construção que vai além dessas duas elaborações teológicas. Nem um lado, nem o outro. Algo a mais, "além", relacional, tendo como centro o terceiro magistério: o mundo dos corpos empobrecidos e o seu lugar vivencial.

1. A escuta do magistério dos pobres

Como sinalizado, Aloysius Pieris apresenta as suas contribuições para a construção de uma Teologia das Religiões em seu texto publicado em português: *Viver e arriscar:* estudos inter-religiosos comparativos a partir de uma perspectiva asiática (São Bernardo do Campo: Nhanduti Editora, 2008). As suas anotações teológicas provocam os modelos clássicos de uma "Teologia da Religião do Patriarcado Ocidental", que possui classificações bem estruturadas e teologias organizadas em cada categoria: exclusivista, inclusivista e pluralista. Para isso, Pieris não toma, como ponto de partida, a unicidade de Jesus Cristo do cristianismo ou de qualquer outra tradição religiosa. Nem compreende a própria prática do diálogo inter-religioso como um fim em si mesmo. O "paradigma asiático" segue outros caminhos, apresentados em três proposições: o terceiro magistério, o impulso de libertação e as comunidades humanas de base.

O *terceiro magistério* resulta da escuta dos pobres da Ásia e da consequente aprendizagem com eles que possuem uma religiosidade "cósmica", "uma mistura do sagrado, do feminino e do terreno" (p. 16). Em muitos momentos, esse magistério se distancia ou questiona os outros dois magistérios apresentados pelo autor: o magistério pastoral (os bispos) e o magistério acadêmico do Ocidente. Aqui reside o ponto central das teses de Pieris e o novo no horizonte da Teologia das Religiões. O ponto de partida para a reflexão teológica diante do pluralismo religioso não é apenas um problema teórico ou uma implicação eclesiástica, mas a *práxis* de uma religiosidade que se sustenta na convivência com as(os) empobrecidas(os), compartilhando sua espiritualidade "deste mundo" e sua busca de justiça. Esse magistério é ponto importante no "paradigma asiático".

Ligado a isso, mostra-se importante também o *impulso de libertação* na Teologia das Religiões, com a busca do rompimento das realidades socioeconômicas e culturais injustas e desiguais. Mas isso não se constrói sem um lugar social, sem concretude. Assim, um terceiro ponto do "paradigma asiático" é a presença das *comunidades humanas de base*, espaços de encontro e partilha, onde se busca a "libertação total das não pessoas e dos não povos" (p. 18). Nesses grupos formados por pessoas de distintas espiritualidades, as identidades religiosas vão se construindo em relação, interação e aproximação. Com a partilha nas comunidades humanas de base, com o magistério dos pobres e com o impulso libertador, a Teologia Asiática de Libertação, segundo Pieris, "proclama

Deus como o único que é alcançado somente através da mediação dos pobres (majoritariamente) não cristãos, e igualmente por quem proclama que Jesus é esta mediação" (p. 19).

Que implicação isso traz para a elaboração metodológica da Teologia das Religiões? O "paradigma asiático" proposto por Aloysius Pieris, ao criticar os modelos ocidentais da Teologia das Religiões, constrói novas categorias além das terminologias clássicas: exclusivismo, inclusivismo e pluralismo. A proposta de Pieris gira em torno das seguintes categorias: sincretismo, uma mistura aleatória de religiões; síntese, a criação de algo terceiro a partir de duas ou mais religiões; e simbiose de religiões, o que acontece – segundo o autor – nas comunidades humanas de base, em que cada religião descobre-se e elabora-se em sua especificidade característica aproximando-se de outras experiências religiosas. Aqui, as identidades mostram-se como *viagem*, interação e recriação do eu, de maneira coletiva ou singular; mostram-se como fruto do estranhamento próprio de fronteira e como encontro com o distinto e com a sua fé.

2. Fragmento

O impulso de libertação na Teologia das Religiões (p. 17)

Durante um tempo comprido, nós, os cristãos temos dialogado de modo muito exclusivo com religiões metacósmicas (assim chamadas as formas superiores do hinduísmo, budismo, taoísmo, islã etc.), e temos tentado criar uma linguagem teológica para comunicar a nossa experiência comum do Absoluto. A religiosidade cósmica (isto é, religiões tribais e clânicas, bem como as formas populares de religiões cósmicas, por exemplo, o budismo popular, o hinduísmo popular, o cristianismo popular etc.), foi considerada como um estágio imaturo e infantil do desenvolvimento espiritual.

Esta abordagem resultou numa visão distorcida do etos religioso asiático. Um aspecto desta distorção é a subestimação do potencial libertador da religiosidade cósmica. Como argumentei em outros textos meus, muitas das grandes transformações sociais na Ásia aconteceram graças ao envolvimento de grupos tribais e outros, conhecidos por sua religiosidade cósmica. Sua atitude de "deste-mundo" bem como sua fé em um Deus de justiça, longe de ser um ópio (como pensam alguns marxistas asiáticos), têm sido muitas vezes um estímulo em situações revolucionárias sempre que forem mobilizadas de maneira apropriada.

Hoje em dia estamos felizes ao observar que, na luta comum contra a pobreza e a destituição das massas, muitos adeptos de religiões metacósmicas (budistas, hinduístas, muçulmanos e cristãos) aprenderam a reinterpretar suas crenças conforme alguns dos elementos libertadores da religiosidade cósmica de seus cocrentes que pertencem às classes mais pobres. Dessa maneira, percebe-se uma reinterpretação das Sagradas Escrituras de religiões metacósmicas na linha de impulso libertador, entre pessoas expoentes de várias "fés" que se envolveram com movimentos populares, por exemplo, Sulak Sivaraksha no budismo, Swami Agnivesh no hinduísmo, Ali Ascar Engineer no islã, para lembrar apenas de algumas.

Também o cristianismo começou a apropriar-se desta tendência, não em seminários ou em casas de ordens religiosas, mas em Comunidades Humanas de Base, onde o magistério dos pobres é levado a sério.

RAIMON PANIKKAR

CRÍTICA AO FORMALISMO TEOLÓGICO

Nascido em Barcelona, na Espanha, Raimon Panikkar (1918-2010), sacerdote católico, se destacou na docência e na área da pesquisa teológica, filosófica e de religiões comparadas, atuando em diferentes universidades na Europa, Estados Unidos, Canadá, Índia e Argentina. Foi membro do Conselho Superior de Pesquisas Científicas e esteve à frente de revistas filosóficas de destaque como *Arbor, Weltforum* e *Kairos*.

Autor de muitos livros, Panikkar se tornou uma referência para o debate teológico e filosófico sobre as religiões. Colaborou com a série "Pelos muitos caminhos de Deus", organizada pela ASETT, ao publicar "A interpelação do pluralismo religioso. Teologia Católica do Terceiro Milênio" em *Teologia Pluralista Libertadora Intercontinental* (São Paulo: Paulinas, 2008) e "Teologia da Libertação e libertação da Teologia" em *Por uma Teologia Planetária* (São Paulo: Paulinas, 2011).

No primeiro texto referido, Panikkar realça a importância, para a Teologia Cristã, do processo de diálogo e de aproximação com outras religiões. Trata-se de ela ser fecundada pelas outras religiões do planeta para alcançar, com maior legitimidade, aquilo que lhe é característica histórica – a catolicidade –, mas que se perdeu em função dos processos de atrofiamento cultural. Ao mesmo tempo, é importante ressaltar que a perspectiva de catolicidade não é monopólio de uma religião em particular, mas, mesmo em distintas visões e linguagens, está afirmada em várias delas. Para o autor, isso representa um ponto nevrálgico da Teologia "que não pode já, por mais tempo, atrofiar-se nas culturas semíticas (monoteístas, históricas, com um Deus Legislador e Juiz) com a concepção de um tempo linear (e, portanto, de uma 'vida perdurável') [...] Precisamos de uma nova cosmologia e de um novo pluralismo" (p. 252). Panikkar ainda enfatiza: "Não esqueçamos que o fundamento do pluralismo é a experiência da contingência humana" (p. 252). Nesse sentido, é importante o que o autor nos lembra da tão difícil harmonia entre o universal e o concreto e como tal dificuldade se vê aumentada com a institucionalização das religiões a partir da afirmação de suas identidades por diferenciação.

Exemplar da busca de novos caminhos de identidade religiosa é a obra *Ícones do mistério: a experiência de Deus* (São Paulo: Paulinas, 2007). Nela, Panikkar insiste na ideia de que não se pode falar de Deus sem um prévio silêncio interior e que se reverte, necessariamente, em um novo silêncio. Afirma também que o discurso sobre Deus é existencial, não relativo a Igreja, religião ou crença. Também não é sobre um conceito, mas sobre um símbolo, e que Deus não é o único símbolo do divino.

Panikkar, na referida obra, indica lugares privilegiados da experiência de Deus, entendida não como ciência, mas como "o toque que temos com a realidade": o amor, o "tu", a alegria, o sofrimento e o mal, o perdão, a natureza e os momentos cruciais da vida. As experiências de Deus, forjadas no mistério que os símbolos, em suas insinuações e imagens, revelam, não são meramente racionais e somente podem surgir de corações puros, vazios e sem egoísmo. "'Os de coração puro verão a Deus' diz uma bem-aventurança. Esta é a experiência de Deus. Meu eu não é o meu ego. O *ahambrahman* vedântico não é o *ahamkãra* egoísta. 'Quem não se nega a si mesmo...' Isto é o que vos vem dizer os grandes mestres espirituais de praticamente todas as tradições. Trata-se de uma *agnosia, ignorantia, unknowing, Unwissenheit*, de um 'não saber toda ciência transcendendo'. Repitamos. Esta experiência está ao alcance de todo coração puro. No fundo não faz falta e nem quer sabê-lo. 'Eu te bendigo, Pai, porque o escondeste aos sábios e o revelaste aos pequenos'" (pp. 248-249).

1. Por uma confessionalidade aberta e dialogal

Em "Teologia da Libertação e libertação da Teologia", publicado no quinto volume da série "Os muitos caminhos de Deus", organizada pela ASETT, denominado *Por uma Teologia Planetária* (São Paulo: Paulinas, 2011), Raimon Panikkar apresenta uma interpelação à Teologia Latino-Americana da Libertação com o recurso do jogo de palavras, já há algum tempo consagrado por Juan Luis Segundo, em torno da necessidade de "libertação da Teologia", como o próprio título do texto indica.

Nessa perspectiva, realça o tema do colonialismo, mostrando que a vocação da Teologia e da fé cristã a um universalismo não pode ser confundida com uma visão monocultural, vista como expoente da cultura humana. O próprio processo de globalização não pode se tornar algo assim, como comumente se vê. A libertação também precisa se dar na visão do mundo e da história, tanto em relação ao pessimismo quanto à visão idealista da história que deseja transformar a Terra em paraíso. Na visão de Panikkar, "devemos saber viver em um mundo injusto. Isso não quer dizer, de nenhum modo, evidentemente, que não nos esforcemos por criar um mundo mais justo na medida de nossas forças, mas isso exige de nós que *superemos o mito da história*, como nossa mortalidade nos lembra e nem por isso desanimamos" (p. 174).

Portanto, a aproximação entre as expressões religiosas deve se dar no contexto de abertura que cada uma delas possuir diante do Mistério. Não se trata de uma mera comunhão de crenças, mas as expressões de fé remontam à entrega pessoal e ao compromisso radical, que faz com que pessoas e grupos "toquem o infinito".

Relativizar a própria expressão religiosa, no caso do cristianismo, por exemplo, para se ter uma aproximação com outras, não pode ser razão para se eliminar as suas convicções mais profundas. No caso do labor teológico, ele deve ser visto como "disciplina espiritual que exige consagração plena à tarefa. Quem não tem fome e sede de justiça está impossibilitado para ser teólogo, que é uma livre atividade do Espírito" (p. 177). "A Teologia é a vocação de qualquer homem consciente de seu lugar no cosmos e que deseja viver sua humanidade em plenitude, utilizando para isso todos os meios que estão ao seu alcance. Daí, que não possa prescindir de nenhum anelo humano e, desde logo, também dos desejos legítimos do corpo – que tantas vezes foi ignorado por certa espiritualidade" (pp. 177-178). Trata-se, então, da libertação da Teologia de ser um tipo de especialização científica de classificação e domínio de todos os campos; libertação de uma Teologia que se vê como ciência abstrata e puramente descritiva. Ela, não obstante a sua tarefa racional, deve estar permanentemente aberta aos insondáveis e surpreendentes mistérios divinos. Tal tarefa é comunitária, marcada pela humildade e pelo espírito dialogal.

Prosseguindo na ideia da libertação da Teologia, Panikkar indica a importância da interculturalidade, uma vez que o mistério divino não é monopólio de qualquer cultura, entendida como as mais distintas formas de pensar, de ser, de viver no mundo e de se aproximar da realidade misteriosa, nominada por muitos como Deus. A interculturalidade exige a abertura ao *outro*, em vista de nossa própria cultura contingente. Trata-se do fundamento da alteridade, que possibilita amar ao próximo como a nós mesmos. Sem a consideração da contingência de nossa própria cultura, isso não seria possível.

2. Fragmento

Teologia da Libertação e libertação da Teologia
(pp. 174-176)

"Teologia inter-faith" é uma expressão *ambígua*. A fé é um invariante humano: todo homem tem *fé*, que é a abertura consciente ao desconhecido, ao Mistério. Com palavras paradoxais, a fé é a consciência de nossa ignorância. Ora, devemos distinguir, ainda que não possamos separá-las, a fé da *crença*. Como também somos (embora não exclusivamente) seres racionais, ao sermos conscientes desta nossa abertura ao Infinito tentamos formular aquilo que cremos segundo nossas categorias culturais e religiosas, uma vez que somos também filhos da história. Assim surgem as crenças, que são distintas e podem ser até mesmo contraditórias. A confusão entre

fé e crença teve consequências funestas na história humana. O mártir dá testemunho de sua fé. Ninguém morre por uma simples crença, a não ser que acredite que existe um vínculo irrompível entre crença e fé. A fé se expressa geralmente em um ato (como símbolo) antes que em uma confissão verbal. A fé sem obras é morta (cf. Tg 2,17). Temos um exemplo na negação a sacrificar aos *deuses* em tempos passados da história cristã. O fanatismo se caracteriza por esta confusão entre fé e crença, que é pouco menos que inevitável quando a fé perde sua raiz mística e se transforma em ideologia.

Por acaso o mal-entendido tem algo a ver com a ambivalência do verbo crer, que é ao mesmo tempo a forma verbal de dois substantivos: fé e crença. A expressão *"inter-faith"* é, além disso, desorientadora, pois parece sugerir que se pode nadar entre duas águas e servir a dois senhores (cf. Mt 6,24), posto que não se leva a sério aquilo que se crê – o que não significa que se absolutizem as crenças, fruto do esquecimento de nossa *contingência*. A fé nos faz tocar o infinito, mas só *tangencialmente*.

A expressão de qualquer tentativa humana de se aproximar do Mistério deve ser *confessional*, sincera, pessoal e, portanto, relativa aos parâmetros culturais e religiosos do "confessor". Uma fé não confessa e apenas teoricamente formulada não é fé, pois também não o é quando se identifica com uma doutrina. A canção é canção só quando se canta; a fé é fé quando se vive, tema recorrente da Escritura cristã, uma vez que o justo vive da fé (cf. Rm 1,17; Gl 3,11; Hb 10,38, que repete Hab 2,4).

Quando o *símbolo* dos apóstolos, devido aos avatares da cultura ocidental, se transformou em *doutrina* apostólica, começou a "microdoxia" cristã; isto é, seu reducionismo, o apequenamento da Mensagem de Cristo. Digo Cristo e não Jesus (que para o cristianismo é Cristo). Toda confissão (de fé) se insere em seu contexto, e o contexto cobra sentido tão só dentro do horizonte no qual a confissão é feita. A *relatividade,* inerente à condição humana (somos contingentes) não é *relativismo* que se destrói a si mesmo no próprio ato de se expressar. A fé é livre, diferentemente da evidência racional. Dois mais dois são quatro, e não cabem soluções diferentes, uma vez aceitos os postulados em que se baseia a afirmação que, na melhor das hipóteses, se fundamenta na infalibilidade da evidência, o que é um círculo vicioso.

A consciência da relatividade leva não só à superação do fanatismo, mas também à abertura ao outro e a nos deixarmos *fecundar* por ele. Essa fecundação dá fruto se existir *amor* – surge espontaneamente quando somos puros, ou seja, quando estamos vazios de *pré-*conceitos.

POR UMA ESPIRITUALIDADE ECUMÊNICA

MICHAEL AMALADOSS

APELO PASTORAL AO DIÁLOGO

Teólogo católico, jesuíta, Michael Amaladoss nasceu na região do Tâmil Nadu, no Sul da Índia, em 1936. A experiência como diretor de um centro universitário de pesquisa como o Instituto de Diálogo com Culturas e Religiões, em Chennai (Madras), e a tarefa docente na Faculdade de Vidyajyoti de Délhi e em outros países possibilitaram a Amaladoss um conjunto de práticas de diálogo e de conhecimento de diferentes tradições religiosas que conferem a ele uma credibilidade ímpar no tema da Teologia das Religiões.

Autor de vários livros, Amaladoss tem se destacado pelo seu interesse pelas reflexões em torno da espiritualidade ecumênica e pelo diálogo do Evangelho com as culturas e demais religiões. Em relação a esse último tema, o autor apresenta suas principais preocupações e postulados em *Missão e inculturação* (São Paulo: Loyola, 2000). Para ele, a missão consiste em anunciar o Evangelho que se fez carne em determinada cultura. Mas nem o Evangelho nem as culturas existem por si mesmos. Esses dois polos se interagem e, com isso, o Evangelho confere à missão um aspecto profético, compreendido como Reino de Deus que, por sua vez, requer transformação crescente da sociedade e das culturas nela inserida. A dimensão profética, que Amaladoss traduz como "luta contra Mamon", ainda que assuma inicialmente os aspectos econômicos e políticos, deve ser orientada para uma transformação cultural. Para o autor, do ponto de vista da fé cristã, um caminho alternativo "deverá ter, entre outras, três características: apoio à vida, experiência de vida em comunidade e consciência da transcendência. Para dar corpo a essas perspectivas, temos necessidade de comunidades contraculturais que às vezes serão 'modelos de' e 'modelos para' as comunidades do Reino de Deus. Elas não devem ser institucionais, nem liminares. No mundo de hoje, essas comunidades serão inter-religiosas, formadas por pessoas de diferentes credos e ideologias, mas unidas na mesma luta contra Mamon" (p. 150).

No aprofundamento da questão cristológica, Amaladoss enfatiza algo óbvio, mas que nem sempre está presente nas compreensões religiosas e teológicas do mundo cristão: "Jesus nasceu, viveu, pregou e morreu na Ásia. Contudo, é visto com frequência como um ocidental". Em *Jesus o Profeta do Oriente:* imagem e representação do Messias na tradição cristã, hindu e budista (São Paulo: Pensamento, 2009), o autor seleciona imagens de Jesus – o sábio, o caminho, o guru, o avatar, o satyagrahi, o servidor, o compassivo, o dançarino e o peregrino – e mostra o significado delas na tradição religiosa e cultural oriental. Isso deveria levar as pessoas e os grupos a conhecerem melhor a Jesus e quando se perguntassem como ele é o salvador a resposta não seria "uma explicação metafísica da tecnologia da salvação, embora ela possa ser relevante em certas circunstâncias", mas "como sua graça salvadora é capaz de transformar nossa vida e nos qualificar para enfrentar desafios" (p. 187).

Amaladoss considera que a religião e a espiritualidade se destinam à vida. Ou seja, elas representam a ajuda para que pessoas e comunidades vivam de forma melhor a realidade atual. São esses aspectos que o autor apresenta em O cosmo dançante: um caminho para a harmonia (Aparecida: Santuário, 2007) no qual expõe um elenco de situações da vida – como o sentido dela, a liberdade, o mal, a interioridade e a consciência, a criatividade humana e outros – que são vistas em diferentes tradições religiosas, justamente para indicar "um caminho" dialógico que valorize o presente, mas que revele possibilidades para o futuro, especialmente de harmonia e de paz para o universo, de reconciliação nos conflitos e de construção de relações de amor mútuo e de serviço uns aos outros.

1. Religiões, diálogo e direitos humanos

Em Pela estrada da vida: prática do diálogo inter-religioso (São Paulo: Paulinas, 1995), Michael Amaladoss nos mostra que, ao mesmo tempo em que a religião torna-se causa de divisão e conflito entre povos de todas as partes do mundo, ela também abre os seus caminhos para o diálogo e para a promoção da paz. O autor considera que esse diálogo é uma incumbência das religiões e que ele precisa ir além da partilha de opiniões e experiências e chegar ao desafio mútuo e à cooperação conjunta, tendo vista a construção de uma nova humanidade.

Amaladoss examina os problemas do pluralismo religioso, especialmente no tocante aos símbolos, rituais de cura e automanifestação divina revelada. No caso dos símbolos, eles são considerados mediadores das experiências religiosas e podem ser canais frutíferos de comunicação entre as religiões se vistos como possibilidade de compreensão da experiência do outro. Para isso, precisam ser experimentados por dentro. "Tal cruzamento de fronteiras não nos destrói a identidade, mas aprofunda-a porque os símbolos do outro não têm a mesma significação fundadora que os nossos. Eis por que o diálogo inter-religioso, em especial quando atrelado a uma ação comum em prol da justiça, inevitavelmente levanta a questão do compartilhamento do culto ou da ação simbólica" (p. 42). O autor também destaca a natureza social do ritual religioso e as implicações das práticas conjuntas de oração e de ação de membros de diferentes religiões.

O autor nos mostra que o diálogo inter-religioso não precisa se restringir em nível de especialistas, mas pode igualmente ocorrer nas camadas populares. Nesse campo, não se pode menosprezar o valor e o significado das curas e dos milagres e como eles revelam fontes genuínas de espiritualidade, quase sempre provenientes de distintas tradições religiosas. O pensamento moderno não pode ser refém da lógica meramente racionalista e também não precisa abdicar dela. Mas, ao se abrir para o mistério na vida e ao perceber que o compromisso de fé em relação a Deus está integrado aos fatores psíquicos, físicos, sociais, culturais e religiosos, é possível perceber a presença de Deus para além de uma religião específica.

Do ponto de vista pastoral, Amaladoss compreende que as religiões em geral e as Igrejas cristãs, em particular, são desafiadas ao protesto contra todas as formas de discriminação e ao incentivo à reconciliação e ao sentido de comunidade no mundo. Elas devem igualmente contribuir para consensos públicos e debates regionais e nacionais que podem formar a base de uma comunidade maior de liberdade, igualdade, fraternidade e justiça. É fato que o vínculo entre religiões e direitos humanos na atualidade é bastante ambíguo e complexo. As interfaces entre religião e cultura, por exemplo, não podem ser desprezadas nas análises. Não basta meramente condenar as formas fundamentalistas, pois elas possuem raízes mais vigorosas e na maioria das vezes com significado social profundo. No caso de movimentos fundamentalistas contemporâneos no islã, por exemplo, muitos têm sido vistos como reação defensiva aos impactos da cultura ocidental, percebida como destruidora de valores sociais e religiosos. Algo similar pode se dizer sobre o conversionismo exacerbado de grupos cristãos, que gera uma identidade rígida, mas forma um sentimento de pertença em um mundo de despersonificação e anomia. Talvez, uma comunicação mais dialógica entre as religiões pudesse contribuir para que todas identificassem suas próprias limitações e se voltassem, assim, para a promoção dos valores humanos e para o bem-estar de todos.

2. Fragmento

Uma questão de identidade (pp. 87-96)

Penso que, no diálogo inter-religioso, devemos levar tão a sério o que constitui nossa identidade e nos diferencia dos outros quanto o que nos une em comunidade perante Deus. A profundidade de cada relacionamento depende tanto da liberdade de Deus quanto de nossa livre resposta. É também possível alguém alegar uma experiência extraordinária, sem depreciar a experiência dos outros. Por isso hesito em dizer que, no nível da experiência mística, as diferenças desaparecem. Uma coisa é dizer que no nível da profundidade espiritual, os místicos encontram uma intensa confraternidade. Outra coisa é supor que, nesse nível, eles nada teriam a partilhar uns com os outros. Eles vivenciam o mesmo Deus. Mas não têm a mesma experiência. Seria ainda mais problemático afirmar essa conformidade experimental em níveis menos profundos de espiritualidade. De qualquer modo, quando falamos de compartilhamento de culto, não nos referimos à experiência mística, mas ao nome e à forma, ao ritual e ao símbolo.

Por esse motivo, dada a individualidade das religiões, para além da conformidade a que nos referimos, quando membros de religiões diferentes rezam juntos, será sempre uma experiência complexa. Mesmo se utilizarem algum símbolo ou palavra comum, como Deus, é normal que cada um, ao dizê-lo, não se está relacionando com um Ser unívoco abstrato, mas com o Deus com que aquela pessoa se relaciona na sua vida e culto. Desde que saibam que é o mesmo Deus, haverá uma conformidade básica. Todavia, para além dessa conformidade, há também uma diferença. Mas uma diferença que é aceita, respeitada e transcendida na própria ação de afirmar-se o que une, em vez daquilo que divide. Ademais, há a possibilidade de que, mesmo se um membro de determinada religião não se sente de todo à vontade com os símbolos do outro, ele decerto percebe a diferença, o que é também uma descoberta. O processo normal seria que tal diferença percebida desempenhe papel profético, ao suscitar uma visão mais plena e uma experiência mais profunda. Todavia, tal aprofundamento não é simplesmente um acréscimo, mas uma modificação. Modificação essa que é orgânica, na medida em que é um crescimento adicional, porém a partir das próprias raízes. Em consequência, o processo de oração em comum deve conduzir não a uma equalização das experiências em termos matemáticos, mas a uma valorização mútua, que lhes confirme sua identidade na diferença. Um encontro assim na oração é talvez não apenas irênico, mas também mutuamente profético. Essa interação profética ocorre talvez, de modo especial, na leitura comum de cada Escritura e na reflexão sobre elas, porque em particular as Escrituras são narradoras da experiência do encontro divino-humano. O ato de se ler as Escrituras em comum é diferente de se ler as Escrituras das outras religiões como um elemento do próprio culto de cada um. Neste último caso, a outra Escritura é interpretada no contexto geral da tradição própria de cada um. Todavia, na leitura comum, cada fiel interpreta sua Escritura e o que temos é um desafio e uma inspiração mútuos, num contexto pluralista.

As diferenças entre as religiões tornam-se mais pronunciadas se considerarmos o culto oficial. O culto oficial implica o grupo social. Ele é tanto expressão da comunidade quanto do transcendente. Na tradição cristã, por exemplo, a liturgia, especialmente os sacramentos, constitui o culto oficial. Simbolicamente, os sacramentos realizam a comunidade da Igreja tanto quanto o Mistério da salvação. Por exemplo, o batismo não é simplesmente o renascimento de uma pessoa no Espírito enquanto filha de Deus. É um acontecimento misterioso que assume a forma simbólica de pertença à comunidade da Igreja. Talvez se pudesse tornar filho de Deus de outros modos, por exemplo, através de uma opção fundamental, feita no início da idade da razão, através de outra religião, através do batismo de desejo ou do martírio etc. Mas normalmente não há como tornar-se membro de uma comunidade visível sem o rito de iniciação. O ritual realiza a estrutura da comunidade. Dado o caráter social do ritual, não se pode encarar meramente como um conjunto de símbolos que expressam um significado. A totalidade de significado constrói dentro dele não apenas o mistério, mas o vínculo social e histórico que ele tem com uma comunidade determinada.

Vínculo esse que se reforça ainda mais pelo fato de a celebração ritual não ser simplesmente expressão do mistério propriamente dito, em sua pureza – tornar-se filho de Deus –, mas enquanto representação da manifestação primordial (mítica/histórica) do mistério, que é o acontecimento fundador de uma comunidade específica. Por conseguinte, o batismo não se refere simplesmente a Deus, mas a Deus enquanto manifestado em Jesus Cristo, particularmente em sua paixão, morte e ressurreição, e no Espírito, o dom do Pai e (ou através) do Filho. A comunidade que celebra um ritual não é, portanto, qualquer comunidade de pessoas, mas um grupo empenhado na fé numa manifestação de Deus. Todas as comunidades religiosas são comunidades de fé, mas o objeto de sua fé não é apenas Deus em abstrato, mas Deus vivenciado numa tradição religiosa específica. A fé é a resposta à automanifestação de Deus. Deus é sempre *terminus ad quem* dessa resposta. Todavia a resposta não se dá simplesmente a Deus em geral, no abstrato, mas a Deus mediado para uma pessoa numa manifestação específica, no contexto de uma comunidade específica. Quando se celebra essa resposta-de-fé num ritual, o ritual incorpora a fé na comunidade, mas exige também a fé do indivíduo. Naturalmente, é possível que uma pessoa determinada não esteja ciente, de modo explícito, de todos os elementos e implicações de sua resposta-de-fé. O importante é que, enquanto membro da comunidade, ela creia como a comunidade crê.

Depois de afirmarmos energicamente o vínculo entre culto e comunidade, é bom salientarmos que esse vínculo pode assumir diferentes formas. No ritual, a comunidade rememora o mistério através de sua celebração. Mas é Deus quem torna presente o mistério. Embora a ação de Deus sempre suponha a recepção na fé, Deus pode agir fora do contexto das estruturas rituais. Deus pode também prescindir de algumas estruturas rituais. Por isso, com referência ao batismo, por exemplo, a Igreja sempre admitiu o batismo de desejo ou através do martírio. Além do mais, mesmo um não cristão pode batizar, desde que o faça com a mesma intenção que tem a Igreja ao fazê-lo. Não nos devemos esquecer rápido demais dessa sensível articulação entre o mistério e sua celebração.

Nem todos os rituais têm o mesmo vínculo com o grupo social. Em toda religião há muitos rituais que se baseiam na necessidade. Alguns deles podem talvez ser oficialmente reconhecidos. Mas eles concentram-se nas mãos do indivíduo ou grupo que está sofrendo a necessidade. Os rituais de cura são desse tipo. Os ritos de passagem são, ao contrário, rituais sociais. Estes, não apenas perdem o sentido sem a comunidade, como somente um membro pleno seu pode participar desses rituais de modo significativo. Por fim, temos os ritos de culto em que a primazia realmente está no mistério. O ponto de convergência não é a comunidade, mas Deus. Em tais ritos, as fronteiras da comunidade podem talvez não ser tão rígidas quanto nos ritos de passagem. O que estou dizendo num contexto de culto cristão será igualmente verdadeiro, *mutatis mutandis*, para o culto de outras comunidades religiosas. Todas as religiões têm suas condições para que um ritual determinado se torne oficial. Condições que não são nem arbitrárias nem simplesmente burocráticas, mas que transmitem uma preocupação com a identidade de significado que subjaz nos símbolos e rituais de uma determinada tradição religiosa. Respeitar essas estruturas faz parte da estima que devemos às diferentes tradições religiosas.

MARIA CLARA BINGEMER

MÍSTICA E ALTERIDADE

Maria Clara Luchetti Bingemer é uma das mais destacadas teólogas da atualidade. Nascida no Rio de Janeiro, Bingemer é leiga católica, professora de Teologia da Pontifícia Universidade Católica do Rio de Janeiro e com forte atuação no Centro Loyola de Fé e Cultura. Ela tem sido referência no campo acadêmico por suas pesquisas em diferentes áreas do pensamento teológico, em especial os temas da mística, da Teologia Feminista e de aspectos sistemáticos como Escatologia, Cristologia e Pneumatologia.

Quanto ao aspecto pneumatológico, Bingemer já estruturara sua reflexão sobre o diálogo inter-religioso quando integrou o grupo responsável pela obra que se tornou um dos marcos desse tema no Brasil, obra organizada por Faustino Teixeira: *Diálogo de pássaros:* nos caminhos do diálogo inter-religioso (São Paulo: Paulinas, 1993). Nela, a autora indicou "A Pneumatologia como possibilidade de diálogo e missão universais" (pp. 111-121), ao destacar que salvação é um dom do Espírito para toda a criatura e que a presença do Espírito de Deus nos seres humanos "altera e afeta suas mais profundas e essenciais categorias antropológicas constitutivas, subvertendo radicalmente os fundamentos do seu ser" (p. 114).

Autora de diversas obras, Bingemer se destacou desde os anos de 1980 na reflexão sobre temas teológicos vistos na perspectiva da mulher, especialmente no trabalho do

Programa Mulher e Teologia do Instituto de Estudos da Religião (ISER). Em conjunto com outra destacada teóloga, Ivone Gebara, Bingemer publicou *A mulher faz Teologia* (Petrópolis: Vozes, 1986), *Maria, Mãe de Deus e Mãe dos Pobres:* um ensaio a partir da mulher e da América Latina (Petrópolis: Vozes, 1987) e organizou *O mistério de Deus na mulher* (Rio de Janeiro: ISER, 1990), para depois publicar *O segredo feminino do Mistério:* ensaios de Teologia da ótica da mulher (Petrópolis: Vozes, 1991) e *Experiência de Deus em corpo de mulher* (São Paulo: Loyola, 2002). Tais obras, como os próprios títulos nos mostram, representam um referencial para a Teologia Feminista na América Latina e em outros continentes.

Bingemer tem dedicado muitos esforços para a compreensão do fortalecimento das experiências religiosas naquilo que ela por diversas vezes chamou de "sedução do sagrado". Isso conferiu à autora o interesse: pelos temas da alteridade e da mística, como em *Alteridade e vulnerabilidade:* experiência de Deus e pluralismo religioso no moderno em crise (São Paulo: Loyola, 1993) e *Em tudo amar e servir:* mística trinitária e práxis cristã em Santo Inácio de Loyola (São Paulo: Loyola, 1990); pelo tema da existencialidade, como em *Simone Weil:* a força e a fraqueza do amor (Rio de Janeiro: Rocco, 2007); pela busca de interfaces mais plurais como religião e literatura, como em *A argila e o Espírito:* ensaios sobre ética, mística e poética (Rio de Janeiro: Garamond, 2004); e pelas relações entre religião, Antropologia e política, como a obra que organizou *Violência e religião:* cristianismo, islamismo, judaísmo – três religiões em confronto e diálogo (São Paulo: Loyola/PUC Rio, 2001). Este último tema teve de Bingemer muita atenção. Em suas pesquisas, procurou evidenciar o nexo entre violência e religião, herdado de longas tradições culturais e religiosas e que ainda marca os tempos atuais. Não obstante isso, ficam indicados elementos dentro das próprias dinâmicas e conceituações religiosas que são geradores da paz. E daí surgem diferentes desafios e possibilidades. O mais fecundo é o da "escuta"; saber ouvir o diferente. Trata-se da "tentativa de nos submeter à verdade onde quer que ela se encontre, aceitando o pluralismo de perspectivas e de nomes, quaisquer que eles sejam e onde quer que pulse o coração da vida. Esta missão é 'sair' da violência mimética e redutora da alteridade do outro e entrar numa dinâmica de paz polifacética e plural" (p. 288).

1. "Uma sacralidade para tempos difusos e confusos"

Em "Faces e interfaces da sacralidade em um mundo secularizado" (pp. 285-332). In: LIMA, Degislando & TRUDEL, Jacques (orgs.). *Teologia em diálogo* (São Paulo: Paulinas, 2002), Maria Clara Bingemer apresenta, do ponto de vista da Teologia Cristã, um balanço da pluralidade religiosa vivida nas tensões tanto em relação ao processo de secularização como em relação à convivência conflitiva das diferentes religiões. O pressuposto das reflexões é que a vivência atual, bastante distinta das gerações passadas, é forjada no contexto de cruzamento e interação de ateísmo, descrença e indiferença religiosa, por um lado, e o fortalecimento de várias experiências, antigas e novas, por outro.

Uma das questões apresentadas pela autora é se a secularização é inimiga ou amiga da fé. Para respondê-

-la, Bingemer mostra como no próprio contexto da fé judaico-cristã já se encontra uma interface com uma visão "mundana do mundo" em que a experiência religiosa não se impõe como compreensão unívoca, mas dirige-se a uma emancipação do ser humano em relação à religião. Isso se dá de variadas formas como, por exemplo, o valor da dimensão humana e histórica no processo de encarnação; o plano das lutas pela justiça e pelos direitos que, mesmo sendo sagradas, são travadas na secularidade; a importância da criação que, embora tenha uma interpretação religiosa, pois é de Deus, possui a sua realidade terrena, imanente. Trata-se, portanto, de uma interpretação positiva dos processos de secularização que veem a emancipação humana, não como o "crepúsculo de Deus", mas como reforço ao que já está engendrado na revelação bíblica.

Na mesma direção, a autora pergunta se a emancipação humana significaria o crepúsculo de Deus. Isso possibilita-lhe mostrar uma face negativa que o contexto de modernidade e secularização produziu. Para Bingemer, esses contextos "embora pretendam emancipar-se de toda e qualquer divindade imposta e/ou institucionalizada, criam os seus próprios deuses, diante dos quais é obrigatório curvar-se e a cujas leis se deve obedecer. Alguns desses novos deuses constituem verdadeiras idolatrias que interpelam profundamente a fé trinitária" (p. 303). Residem aí a "vendabilidade" de todas as coisas, que é o deus mercado, o culto à personalidade, o progresso visto como primazia em relação ao humano, o utilitarismo nas relações humanas, e o poder e o prazer desprovidos de alteridade e de sentido. Dessa forma, tanto os processos modernos de emancipação humana como as experiências religiosas podem se encontrar na busca de caminhos ante a vulnerabilidade das pessoas e dos grupos diante desses novos deuses e ídolos ou também ante a perplexidade que o novo e complexo quadro religioso apresenta.

Diante dessas e de outras questões, Bingemer indica os traços de uma sacralidade para os tempos difusos e confusos em que se vive hoje. A valorização da pluralidade religiosa, a recuperação do sentido espiritual da gratuidade, a crítica às formas de fixismo, o interesse e a inclinação para se repensar categorias filosóficas e teológicas tradicionais, a interface com as ciências e com a espiritualidade, a abertura à sedução gratuita do sagrado como possibilidade amorosa e realizadora, o diálogo com tradições religiosas diferentes formam placas de um caminho "que necessita ser reinventado a cada passo".

2. Fragmento

A face plural e difusa da pós-modernidade e a interface do pluralismo religioso (pp. 308-312, 318-321)

O pluralismo está presente na história do cristianismo desde os seus primórdios. Já desde os primeiros séculos, o cristianismo nascido no seio do judaísmo deverá encontrar maneiras de comunicar-se no seio do mundo pagão e politeísta da Grécia e da Roma antigas. Para tal, deverá servir-se das categorias da filosofia grega, antiga e pagã, assim como será compelido a dialogar com os diferentes deuses presentes neste mundo, a fim de poder fazer visível e audível a experiência de seu Deus. Um exemplo saboroso e potente desse pluralismo e da entrada do cristianismo nele é o episódio de Paulo no areópago de Atenas, com seu anúncio do Deus desconhecido, descrito no capítulo 17 do livro dos Atos dos Apóstolos.

Esse pluralismo pareceu obscurecer-se na Idade Média, quando o mundo ocidental era maciço e quase totalmente cristão. Os que professavam credos diferentes eram considerados hereges e infiéis que deveriam ser combatidos e eliminados. A Reforma recoloca a questão do pluralismo, rompendo a univocidade da cristandade. O processo de secularização, com a autonomia da razão, o racionalismo e a crise das instituições, traz novos elementos para um quadro onde a homogeneidade já estava rompida, ou pelo menos questionada.

Hoje assistimos à privatização da vida religiosa que vai de par com a autonomia do homem moderno *versus* a heteronomia que regia o mundo teocêntrico medieval. Cada um e cada uma compõem sua própria "receita" religiosa e o campo religioso passa a se assemelhar a um grande supermercado, assim como também a um "lugar de trânsito" onde se entra e se sai. A modernidade não liquidou com a religião, pois esta ressurge com nova força e nova forma, não mais institucionalizada como antes, mas sim plural e multiforme selvagem e mesmo anárquica, sem condições de voltar ao pré-moderno.

O ser humano que viveu a crise da modernidade ou que nasceu em meio ao seu clímax e já nada em águas pós-modernas, à diferença do adepto da religião institucional – que adere a uma só religião e nela permanece – e do ateu ou do agnóstico – que nega a pertença e a crença em qualquer religião –, é como um "peregrino" que caminha por entre os meandros das diferentes propostas religiosas que compõem o campo religioso, não tendo problemas em passar de uma

228

para outra, ou mesmo de fazer sua própria composição religiosa com elementos de uma e outra proposta.

A questão da sacralidade apresenta, pois, outra face que convive com aquela por nós analisada: a da secularidade moderna, geradora da suspeita e do ateísmo, em que a transcendência está submetida à constante e incessante crítica da razão e da lógica iluministas. Essa outra é a face da pluralidade. Face esta que, por sua vez, implicará igualmente a existência de uma interface: a das diferentes tentativas do diálogo inter-religioso, da prática plurirreligiosa e da abertura à religião do outro como condição de possibilidade de viver mais profunda e radicalmente a própria fé.

Em termos fenomenológicos, o termo *pluralismo religioso* se refere simplesmente ao fato de que a história das religiões mostra uma pluralidade de tradições e uma pluralidade de variações dentro de cada tradição [...].

A questão do *pluralismo religioso* é uma realidade sempre mais proeminente no mundo de hoje, em si mesmo pluralista e assaltado por um retorno do religioso, que parece explodir quase selvagemente. Não só as antigas e tradicionais religiões parecem crescer de importância e se tornarem interlocutoras de peso para o cristianismo histórico como também novos movimentos religiosos surgem de todos os lados, suscitando perplexidade e interpelações diversas aos adeptos das Igrejas tradicionais e, no nosso caso, concretamente, aos membros da Igreja Católica.

A adesão à fé é, sem dúvida, uma escolha livre. Mas essa escolha comanda toda experiência religiosa e toda Teologia Cristã autêntica. E a fé em Jesus Cristo não é fechada, mas aberta; não é mesquinha, mas possui dimensões cósmicas. A Teologia das Religiões da humanidade que a fé em Jesus Cristo funda estabelece, na escala do cosmo, uma maravilhosa convergência no mistério do Cristo, de tudo que Deus, em seu Espírito, realizou ou continua a realizar na história da humanidade.

A partir dessa face plural, geradora de uma interface plurirreligiosa, a experiência do sagrado realizada dentro do cristianismo, em outras palavras, a mística cristã hoje é interpelada e chamada a aprender das experiências místicas e espirituais de outras religiões. E isso não para deixar de ser cristã, mas para que a experiência de Deus que está no coração de sua identidade dê e alcance toda a sua medida.

Assim como há algo que só o outro gênero, o outro sexo, a outra cultura, a outra raça, a outra etnia, podem ensinar sobre mística, há também, sem dúvida, algo que apenas a religião do outro, na sua diferença, pode ensinar, ou enfatizar. Às vezes, trata-se simplesmente de um ponto ou uma dimensão que descobrimos na nossa experiência religiosa, mas do qual ainda não nos havíamos dado conta.

O caminho que se faz hoje na chamada "Teologia das Religiões" e no "diálogo inter-religioso" passa em boa parte pelas religiões orientais, por causa do influxo que ultimamente elas têm tido na espiritualidade ocidental e também na Teologia, sobretudo na área da Cristologia. Dentre as perguntas que a espiritualidade oriental faz à ocidental, destacamos: é ou não é Jesus o único e exclusivo mediador de Deus? É ele a única mediação normativa e constitutiva da salvação?

Mas passa igualmente pelo surgimento contínuo de novos movimentos religiosos que vêm povoar o campo religioso com novas faces de sensações e experiências do sagrado. E esses novos movimentos já lançarão perguntas diferentes, que se configurarão mais no sentido de questionar a existência de um Deus pessoal e de identificar experiência do Sagrado com sensações produzidas pelo contato com a natureza, por técnicas de autoajuda e trabalho corporal ou pela sintonia com as vibrações do cosmo.

Interpelada por essas múltiplas interfaces, a experiência mística, tal como o cristianismo a entende, no fundo não é senão a experiência do amor e da caridade que revolve as profundezas da humanidade pela presença e pela sedução da alteridade. Quando a alteridade é a religião do outro, há uma interface a ser explorada e todo um caminho a ser feito em direção a uma comunhão que não suprima as diferenças, enriquecedoras e originais, mas que encontre, na sua inclusão, um "novo" no qual se possa experimentar coisas novas suscitadas e propiciadas pelo mesmo Deus.

Na consciência da existência e convivência de várias religiões, experimenta-se o dilaceramento entre o amor e a verdade. No fundo mais profundo do desejo inaudito de ir ao encontro do outro está igualmente o desejo de escutá-lo e dele aprender coisas que só o Espírito de Deus no outro pode ensinar. Mas para que haja aprendizado, haverá que fazê-lo sem perder a identidade da própria experiência. Ainda que – felizmente – para isso seja necessário abrir-se sempre mais ao outro para dele aprender como esperar o futuro que somos todos, em rica reciprocidade, chamados a construir, mas que por outra parte nos é e será graciosamente dado.

FAUSTINO TEIXEIRA

ENTUSIASMO PELA ESPIRITUALIDADE ECUMÊNICA

Teólogo leigo católico-romano, Faustino Teixeira (1954-), mineiro de Juiz de Fora, tem longa experiência de acompanhamento da experiência religiosa de diferentes grupos. No campo popular vivencia, desde vários anos, a riqueza do itinerário espiritual das Comunidades Eclesiais de Base, conhecendo o cotidiano delas, assessorando eventos e produzindo um extenso e denso material histórico, sociológico e teológico a respeito delas. É professor de Teologia das Religiões na Universidade Federal de Juiz de Fora, MG.

O interesse pelas religiões, igualmente, não se restringe à dimensão da pesquisa, mas Faustino caminha por trilhas as mais diversas para descobrir os lampejos de espiritualidade presentes nas religiões e como elas se aproximam, na prática, do diálogo e da cooperação mútua.

Escritor e organizador de vários livros, Teixeira foi um dos pioneiros do debate sobre as questões inter-religiosas no Brasil. É referência para muitos grupos o texto que ele organizou ainda na primeira metade da década de 1990, apresentando e debatendo aspectos teóricos e práticos do diálogo ecumênico inter-religioso: *Diálogo de pássaros: nos* caminhos de diálogo inter-religioso (São

Paulo: Paulinas, 1993). Reconhecendo que a Teologia das Religiões se desenvolvera mais intensamente no exterior, o autor mostra à comunidade teológica brasileira autores como Claude Geffré, Jacques Dupuis e Michael Amaladoss, que, ao lado de brasileiros, traçam um perfil esclarecedor do tema e indicam a emergência de novos paradigmas teológicos diante do pluralismo religioso. Essa iniciativa foi movida, entre outros fatores, por significativas experiências ecumênicas da época, como o encontro de um número expressivo de pessoas de várias religiões na Conferência das Nações Unidas sobre Ecologia e Desenvolvimento, a ECO92, realizada no Rio de Janeiro, em 1992, e a Assembleia do Povo de Deus, que reuniu grupos ecumênicos, no mesmo ano, em Quito, Equador. Como aprofundamento das reflexões, Faustino Teixeira reuniu didaticamente elementos explicativos do debate e suas principais correntes e autores em *Teologia das religiões: uma visão panorâmica* (São Paulo: Paulinas, 1995). Poucos anos mais tarde, organizou outra obra, com propósitos semelhantes aos da primeira, que busca o sentido mais amplo do encontro das religiões especialmente na defesa da vida e do cultivo da tolerância entre as religiões e culturas. Trata-se de *O diálogo inter-religioso como afirmação da vida* (São Paulo: Paulinas, 1997).

Teixeira tem se dedicado, com especial zelo, aos temas relativos à mística. Com eles vem a sinalização da importância da gratuidade, do desapego e da abertura ao outro. Os títulos de duas obras que organizou, sob um olhar multidisciplinar, expressam o fundamento místico que transporta as pessoas e comunidades "para esferas de beleza e humanidade que se contrapõem ao endurecimento e esvaziamento da cultura materialista e consumista":

No *limiar do Mistério:* mística e religião (São Paulo: Paulinas, 2004) e *Nas teias da delicadeza:* itinerários místicos (São Paulo: Paulinas, 2006).

Faustino Teixeira é um divulgador entusiasta dessa sensibilidade especial pelo outro, em alteridade, oração e diálogo, encontrada entre as mais diversas experiências religiosas.

1. Partilha de vida, experiência de comunhão e conhecimento mútuo

No livro *Ecumenismo e diálogo inter-religioso:* a arte do *possível* (Aparecida: Santuário, 2008), Faustino Teixeira divide com Zwinglio Dias um conjunto de reflexões sobre a prática ecumênica. Dias aborda a trajetória do movimento ecumênico, especialmente o universo intracristão e os desafios que o ecumenismo traz para as Igrejas e para o conjunto da sociedade. A dimensão inter-religiosa coube a Faustino Teixeira, que apresenta os eixos filosóficos do diálogo inter-religioso e as formas dessa aproximação, entre outros aspectos.

Para Teixeira, a prática do diálogo entre as religiões implica partilha de vida, experiência de comunhão e conhecimento mútuo. Ele se dá entre pessoas e grupos que estão enraizados e compromissados com a sua fé específica, mas que, ao mesmo tempo, estão abertos ao aprendizado da diferença. Para a realização dessa aproximação ecumênica, ele indica cinco elementos norteadores: a consciência de humildade, a abertura ao valor da alteridade, a fidelidade à própria tradição, a busca comum da verdade e o espírito de compaixão.

Há várias formas de diálogo inter-religioso, mas independentemente delas a prática dialogal requer espírito de abertura, hospitalidade e cuidado. Entre as formas de diálogo se destacam: a cooperação religiosa em favor da paz, os intercâmbios teológicos e a partilha da experiência religiosa, especialmente no âmbito da devocionalidade e da oração.

Teixeira sublinha algumas personalidades, no contexto católico-romano francês, promotoras do encontro dialógico das religiões, o que chamou de "buscadores do diálogo". Entre elas estão: Henri Le Saux (1910-1973), monge beneditino que vivenciou forte aproximação com o hinduísmo; Louis Massignon (1883-1962), que estabeleceu um profundo diálogo com o islamismo; e Thomas Merton (1915-1968), místico, intelectual renomado, que dialogou com singular sensibilidade com diferentes religiões do Ocidente e do Oriente.

O texto apresenta ainda dois polos de reflexão, ambos por demais desafiadores. O primeiro trata do lugar do diálogo entre as religiões no processo de globalização, considerando tanto os efeitos positivos – como as facilidades de comunicação, uma nova consciência global e planetária e o pluralismo – como os negativos – como o aguçamento dos fundamentalismos nas várias religiões. Tal contradição reside especialmente na recusa do engajamento comunicativo, por um lado, e na abertura dialogal, por outro. A primeira opção reforça os tradicionalismos exacerbados em reação às novas sensibilidades e circunstâncias da comunicação dialógica e global, o que gera as mais distintas formas de fundamentalismos. A segunda opção, a do diálogo, se impõe como desafio criativo e significativo para o futuro do mundo.

O segundo polo diz respeito à espiritualidade e como ela se vincula intimamente à prática do diálogo inter-religioso. Para isso, se faz o recurso a Raimon Panikkar quando ele afirma que "o encontro das religiões tem uma indispensável dimensão experiencial e mística. Sem uma certa experiência que transcende o reino mental, sem um certo elemento místico da própria vida, não se pode esperar superar o particularismo da própria religiosidade, e menos ainda ampliá-la e aprofundá-la, ao ser defrontado com uma experiência humana diferente" (p. 209).

2. Fragmento

Diálogo inter-religioso e espiritualidade
(pp. 207-211)

Os diversos eixos do diálogo inter-religioso são mais bem compreendidos e vivenciados quando banhados por uma *espiritualidade* peculiar, um trabalho interior de desapego e abertura. Como tão bem mostrou Leonardo Boff, é no seio da espiritualidade que "irrompem os grandes sonhos para cima e para frente, sonhos que podem inspirar práticas salvacionistas". A espiritualidade relaciona-se a tudo o que tem a ver com a experiência profunda do ser humano, com a "experiência integral da vida".

A espiritualidade não é fuga do tempo, nem é algo inalcançável, mas um exercício vital em direção à simplicidade, ao "espírito do cotidiano". O que ela exige de cada um é uma sintonia fina com o tempo, com os pequenos sinais que envolvem o ritmo da vida. Captar a música da espiritualidade é simplesmente viver, "como o peixe na água". Mas para tanto é necessário saber auscultar o outro mundo que habita este mundo, o outro lado das coisas, para além da realidade das formas e dos nomes. Na visão de Thomas Merton, um dos maiores contemplativos de nosso tempo, a espiritualidade envolve um "despertar intuitivo" para as profundezas existenciais, uma "tomada de consciência repentina, um despertar à infinita Realidade que existe dentro de tudo o que é real".

No íntimo de tudo o que é real e que coincide com o centro intocado de cada ser humano, há um "ponto luminoso", um "ponto virgem", que expressa o centro nevrálgico da unidade. À medida que se aprofunda em direção a esse centro, os nomes e as formas superficiais vão perdendo sua couraça de impenetrabilidade e passam a ser enriquecidos pelo calor das diversas teofanias que brilham por todo canto.

As religiões deixam de ser "mônadas isoladas" e passam a participar de uma sinfonia singular marcada pelo toque de uma diversidade reconciliada.

O diálogo deve, portanto, começar no interior de cada um, criando e favorecendo espaços de hospitalidade. Em expressiva reflexão, Dalai Lama sublinhou que "o propósito de todas as maiores tradições religiosas não (é) o de construir grandes templos externos, porém criar templos de bondade e compaixão internos em nossos corações. Toda religião maior detém o potencial de criar isso".

Bons interlocutores para o diálogo são aqueles que estão em paz consigo mesmos, aqueles que vivem a experiência de um coração capaz de acolher formas diversificadas, um coração desobstruído de arrogância e vontade de poder. Há uma íntima vinculação entre o diálogo inter-religioso e espiritualidade. [...]

Neste início do século XXI, as Igrejas cristãs defrontam-se com um desafio extremamente importante, que é a abertura ao pluralismo religioso e o exercício dialogal com outras tradições religiosas em profundo respeito à sua dignidade e ao seu valor. Há uma oportunidade única de resgatar uma credibilidade que veio arranhada por posicionamentos recorrentes de desrespeito e descrédito à diversidade religiosa e ao pluralismo religioso. Mas para tanto é necessária uma decisiva mudança de perspectiva eclesial, que rompe com o rotineiro desencontro e acorda para o verdadeiro encontro com o outro. Não há como manter em curso atitudes hostis ou um vocabulário deletério com respeito às outras religiões. Urge recuperar o essencial "espírito de diálogo", bem como uma atitude mais positiva e otimista face aos desígnios misteriosos de Deus para a humanidade. E ser também capaz de perceber e acolher com alegria as transbordantes riquezas da "sabedoria infinita e multiforme de Deus" (DM 41), que se espalham por toda a história, e seguir com entusiasmo sempre renovado os impulsos do Espírito. O pluralismo é um dom não só aceito como também desejado por Deus.

JOSÉ MARIA VIGIL

RELIGIÕES E REINO DE DEUS

Espanhol de origem, naturalizado nicaraguense e residente no Panamá, o teólogo católico José Maria Vigil (1946 -) construiu o seu pensamento em profunda identidade com os desafios políticos e culturais da América Latina. Autor de muitos livros, Vigil aprofundou aspectos importantes da Teologia Latino-Americana da Libertação, como o tema da espiritualidade, por exemplo, em especial com a reflexões e práticas conjuntas com líderes de destaque como D. Pedro Casaldáliga.

A atuação na ASETT, especialmente a direção da comissão teológica, possibilitou a Vigil um aprofundamento e uma produção intensa no campo do que ele mesmo denomina Teologia do Pluralismo Religioso. Nesse contexto, dirigiu, com Marcelo Barros e Luiza Tomita, a série "Pelos muitos caminhos de Deus", que apresenta em cinco volumes as reflexões teológicas latino-americanas sobre o tema das religiões.

Já no primeiro volume da referida série, cujo título é o mesmo, mas com o sugestivo subtítulo "Desafios do pluralismo religioso à Teologia da Libertação" (Goiás: Ed. Rede, 2003), Vigil trata do tema da espiritualidade e considera aquela que se forja no contexto do pluralismo religioso como uma experiência espiritual emergente e desafiadora.

No segundo volume, *Pluralismo e libertação:* por uma Teologia Latino-Americana Pluralista a partir da fé cristã (São Paulo: Loyola, 2005), aparecerão três significativas contribuições de Vigil. A primeira, chamada "Muitos pobres, muitas religiões – a opção pelos pobres: lugar privilegiado para o diálogo entre as religiões", enfatiza a vocação teológica latino-americana e a coloca em diálogo com o tema das religiões a partir de três criativas proposições: a) os pobres precisam do diálogo das religiões, b) as religiões precisam dos pobres para dialogar, c) a opção pelos pobres é o aporte principal das religiões abraâmicas ao diálogo inter-religioso. A segunda contribuição é "Macroecumenismo: Teologia Latino-Americana das Religiões", em que o autor analisa as possibilidades e os limites do termo macroecumenismo, bastante usado em círculos pastorais nos anos de 1990. A terceira é "Cristologia da Libertação e pluralismo religioso", quando dialoga com a concepção de Jesus como metáfora (John Hick) ou símbolo (Roger Haight) de Deus e extrai as implicações político-pastorais dessa revisão cristológica.

Em *Teologia Latino-Americana Pluralista da Libertação* (São Paulo: Paulinas, 2006), que é o terceiro volume da série, Vigil retoma o tema "Por uma espiritualidade pluralista da libertação", dessa vez destacando que as experiências religiosas precisam ter uma consideração mais humilde de si mesmas, que deve haver uma desabsolutização do cristocentrismo e que o paradigma pluralista faz parte da identidade cristã e não a contradiz como alguns afirmam.

No quarto volume, *Teologia Pluralista Libertadora Intercontinental* (São Paulo: Paulinas, 2008), Vigil aprofunda o tema "Identidade cristã e Teologia do Pluralismo

Religioso". O autor afirma que a identidade é sempre dinâmica e que a fixação oficial da identidade de uma religião é sempre também um ato político de vontade. Isso gera tensões nas interpretações distintas da identidade cristã. Vigil nos lembra que "a identidade cristã oficial é uma criação humana, é um ato de vontade, é uma decisão institucional; se a oficialidade eclesiástica não compreende a transformação e o desafio que o pluralismo religioso e sua teologia representam, o conflito é inevitável" (p. 147).

1. A centralidade do Reino de Deus na reflexão teológica e na prática pastoral

Em *Teologia do Pluralismo Religioso:* para uma releitura pluralista do cristianismo (São Paulo: Paulus, 2006), José Maria Vigil apresenta um roteiro marcadamente didático de uma Teologia das Religiões com enfoque latino-americano, a começar pela disposição dos conteúdos, que segue a clássica metodologia do ver-julgar-agir. Vigil apresenta também propostas para estudo em grupo, farta indicação bibliográfica e reflexões concernentes ao pluralismo típico do contexto latino-americano marcado pelas expressões religiosas indígenas e negras.

Para interpretar o quadro de pluralidade de religiões e formular uma concepção pluralista, Vigil, em intenso diálogo com John Hick e Andrés Torres Queiruga, apresenta aspectos da Teologia Cristã favoráveis a uma Teologia Pluralista das Religiões. Um deles é a visão jesuânica que destaca as dimensões teo-reinocêntrica e teopráxica. Elas relativizam a prática cúltica uma vez que a práxis do amor e da justiça, para Jesus, está acima até mesmo do culto e das práticas religiosas e relativizam também a perspectiva eclesiocêntrica. Para Vigil "Jesus não somente não foi eclesiocêntrico, como tampouco foi eclesiástico; nunca pensou em fundar uma Igreja, e até se pode dizer que, de algum modo, sua mensagem central implicava a superação daquilo que é uma religião ou Igreja institucional" (p. 139). Para Jesus, o mais importante, o "último" em sentido teológico, é o Reino de Deus, entendido como vontade divina revelada em interação amorosa e salvadora com as pessoas; não um deus "em si". Não se trata de um conceito, mas, sim, de uma vivência, de um reconhecimento e de opção fundamental do caminho a se seguir na vida. O diálogo ecumênico é visto como parte integrante do Reino de Deus.

Outro aspecto é de caráter mais filosófico, embora expresso de forma simples, e está relacionado ao que se consagrou chamar de "regra de ouro": "não faças aos outros aquilo que não desejas que outros lhe façam". Trata-se do elemento ético nas religiões e que se encontra presente nos textos sagrados das mais destacadas religiões como o judaísmo, o cristianismo, o islamismo, o budismo, o confucionismo, o hinduísmo, o jainismo, o zoroastrismo. O mesmo ocorre no pensamento filosófico como expresso, por exemplo, no "imperativo categórico" de Kant, o que mostra ser a "regra de ouro" algo universalmente percebido, o que reforça seu caráter de elemento central da revelação divina. Diante disso, Vigil indaga: "Se existe esse consenso humano, simultaneamente filosófico e religioso, tão universal, cabe perguntar: não seria possível e conveniente fazer dessa regra de ouro o fundamento certeiro do diálogo inter-religioso?" (p. 235).

Nas perspectivas práticas apresentadas pelo autor destacam-se, ao menos, três aspectos. Um primeiro é a revisão das práticas históricas e dos fundamentos teológicos da ação missionária, o que o autor denominou "morte e ressurreição da missão", tendo em vista ações não verticalistas, dialógicas, inculturadas e "inreligionadas" e tendo o Reino de Deus como alvo e parâmetro. Um segundo é o papel das religiões na busca de uma ética mundial em favor da justiça, favorecido e ao mesmo tempo desafiado pelos processos de mundialização. Um terceiro é o cultivo de uma espiritualidade de cunho libertador, aberta à complementaridade, cujo critério hermenêutico é a libertação dos pobres.

2. Fragmento

Espiritualidade do pluralismo religioso
(pp. 375-379)

Pluralismo religioso, diálogo inter-religioso, Teologia Pluralista das Religiões... são temas da moda. De um tempo para cá é incontável o número de publicações e atividades envolvendo o diálogo em torno desses temas, não é possível abordar a atual situação religiosa da humanidade sem destacar esta nova consciência que vem se difundindo rapidamente por todo o planeta. Como afirma John Hick, é uma consciência muito recente, que só veio a emergir completamente no tempo da geração atual. Começou ontem, porém já preenche o mundo. E tudo parece indicar que veio para ficar.

O que está produzindo esta nova consciência que surgiu e está se difundindo inesperadamente pela humanidade? É, sem dúvida, uma nova experiência espiritual. As grandes correntes teológicas, os grandes movimentos ou transformações culturais, não se produzem normalmente em resposta a uma ideia de gênio: antes, obedecem às novas vivências espirituais nas quais a humanidade – ou algum segmento significativo dela – percebe-se envolvida. O Espírito move esses fenômenos alentando-os, conduzindo-os, impulsionando-os. E os espíritos mais despertos da humanidade captam os sinais dessa ventania e desdobram suas velas, deixando-se levar por ela.

Estamos vivendo essa nova experiência espiritual. Há um Espírito novo rondando-nos, desafiando-nos, quase que a cada dia, numa multiplicidade de gestos, de reflexões, de novas práticas. Estamos passando por um momento de transformação. Especificamente no contexto cristão estamos na passagem do cristocentrismo ao pluralismo. Há medo, resistência – e ao mesmo tempo atração, clareza, até uma evidência, impondo-se lenta e irresistivelmente. É um *kairós*, um ponto de inflexão importante que introduzirá mudanças muito profundas: uma nova época na sucessão de 19 séculos de exclusivismo eclesiocêntrico e mais um (apenas!) de cristocentrismo.

Importa muito, pois, estarmos atentos a este *kairós*. Há que se rastrear o espírito que o anima, para discerni-lo e acompanhá-lo. Esse é o nosso objetivo neste breve texto. Ele quer ser uma simples tentativa de captar e sistematizar o que estamos percebendo da ação desse *espírito* ou *espiritualidade do pluralismo religioso,* em crescimento entre nós. Quais seriam suas características mais importantes? Descreveremos as principais.

Antes, na vivência do crente simples, as outras religiões não existiam. Em primeiro lugar porque ficavam fora do al-

244

cance de sua percepção. Em segundo lugar porque, caso chegassem a ser percebidas, eram consideradas como realidades negativas. Deus teria manifestado a nós seres humanos sua vontade, sua oferta de salvação, e nos estendido um caminho até ele – *nossa* religião. No entanto – conforme esta visão –, os outros andavam por aí, confundidos por superstições que suplantavam para eles o lugar da verdadeira e única religião – a nossa.

Esta visão se dava, a sua maneira, no contexto de todas as religiões. Todas elas consideravam a si mesmas como *a religião*, a única verdadeira perante as outras, que vinham a ser apenas religiões falsas, criações humanas, crenças, superstições; pior: cultos diabólicos. O fato de serem tantas essas religiões era lamentável, negativo; era um pluralismo religioso que se dava *de fato*, porém não correspondia à vontade de Deus; não era um pluralismo *de direito*.

Pois bem, isso é o que está mudando. Um novo espírito se difunde pela humanidade. Os seres humanos têm agora outra percepção. Percebem as religiões alheias com outra sensibilidade. Como as culturas, pensa-se que as religiões são parte também do capital mais precioso da humanidade. Constituem de certo modo a identidade dos povos, de modo que não pode ser tão ruim haver tantas religiões.

Já não parece aceitável pensar em apenas uma religião como boa e verdadeira, enquanto todas as outras seriam más ou falsas. Não: *todas as religiões são verdadeiras.* Porque Deus ama a todos os povos. Deus criou a todos e a cada um, com sua identidade, sua religião e sua cultura; são obra de suas mãos, reflexos singulares da luz multicor.

Os crentes percebem agora o pluralismo religioso não como fato lamentável, e sim como vontade de Deus. Não mais como um pluralismo simplesmente de fato, como se fora algo negativo, e sim como um pluralismo querido por Deus, *de direito*, "de direito divino".

Isso significa mudança radical de atitude ante a pluralidade das religiões: agora é uma atitude positiva, de reverência e respeito, pois vê nelas a obra de Deus. E significa também mudança da imagem do próprio Deus: antes críamos num Deus que havia escolhido a um povo e se desinteressado dos outros; agora, percebemos a imagem de um Deus mais universal, menos particular, que não se reduz nem se prende a um único povo – está em relação com todos os povos, sem exceção.

Há uma percepção crescente na consciência atual da humanidade de que as atitudes de exclusivismo religioso não são mais aceitáveis ou justificadas. Cada vez mais os fiéis religiosos modernos, de qualquer religião, percebem intuitivamente, mesmo sem saber argumentar a respeito, que sua própria religião não pode ser a única verdadeira. Ou seja: já não se aceita o velho exclusivismo segundo o qual "fora de nossa religião não há salvação".

Esta mudança significa também uma transformação, tanto da imagem que temos de nossa própria religião, quanto da imagem de Deus que carregamos. De nossa religião já não pensamos ser a única verdadeira, a Deus não o percebemos mais como "nosso"; sentimo-lo disponível para todos os povos, de todas as religiões.

A rejeição ao exclusivismo, que se tornou comum em meados do século XX, hoje está se espalhando no campo teológico também com relação ao inclusivismo. Cada vez mais crentes percebem que o inclusivismo não deixa de ser uma forma de exclusivismo, uma forma suavizada e aparentemente menos prepotente, mas, no fim das contas, exclusivismo. Como dizia Hans Küng a respeito da teoria inclusivista de Rahner, dos "cristãos anônimos", é "uma forma muito educada de conquistar e submeter o outro com um abraço". O inclusivismo, ainda a posição oficial no catolicismo, por exemplo, está com os dias contados ante a irrupção dessa espiritualidade do pluralismo religioso.

Outra categoria que começa a ser rejeitada é a de *eleição*. Trata-se de uma categoria bíblica, profundamente arraigada no Primeiro Testamento, e adotada na sequência pelo Novo Testamento. A *eleição* de Abraão, o povo *eleito*... Há apenas alguns anos o conhecido biblista Gerhard Lohfink fazia uma brilhante justificação das razões de Deus para ter eleito um "povo próprio", e argumentava teologicamente que "esse povo concreto era Israel". [...]

Torres Queiruga, um dos teólogos mais destacados por sua dedicação ao tema do pluralismo religioso, demonstra uma evolução significativa: nos últimos dez anos vinha tentando ainda justificar teologicamente o conceito de eleição; no último texto seu, a que tivemos acesso, propõe o abandono puro e simples da categoria. Entretanto, não são os teólogos que vão descobrir para nós a inadequação desse conceito; será provavelmente a nova espiritualidade emergente do pluralismo religioso que nos fará perceber esta inadequação; os teólogos expressarão adequadamente, em seguida, o que todos de algum modo percebemos em nosso espírito.

MARCELO BARROS

POR UMA TEOLOGIA AFRO-LATÍNDIA DA LIBERTAÇÃO

Vocacionado para ser testemunha e construtor da paz, do diálogo e da unidade: eis o retrato de Marcelo Barros (1944 -). Monge beneditino, natural de Camaragibe, Pernambuco, de família católica de operários, Marcelo desenvolveu a sua vocação em uma diversidade de experiências que oferecem à sua obra uma legitimidade singular.

Seja na convivência ecumênica com os irmãos na comunidade de Taizé, seja no trabalho efetuado na companhia de D. Helder Câmara, seja nos serviços a comunidades populares, católicas e protestantes tradicionais e pentecostais, seja no acompanhamento de movimentos sociais e políticos no Brasil e em outros países latino-americanos, seja pela vida comunitária consagrada à oração, ao estudo, à acolhida e ao diálogo com pessoas e grupos de outras Igrejas, religiões e culturas, Marcelo procurou e procura unir essa vocação para a unidade com a opção pela libertação e pela justiça.

Marcelo trabalhou quatorze anos no secretariado nacional da Comissão Pastoral da Terra (CPT) e até hoje assessora grupos de trabalhadores rurais e do Movimento de Trabalhadores Rurais Sem Terra (MST). Assim, traz para a experiência ecumênica a caminhada concreta de lavradores, posseiros, sindicalistas, a conflitividade social e política que se abate sobre os movimentos populares e a reflexão bíblica e teológica em torno das questões da terra, da sua preservação e conquista, assim como todos os gemidos e gritos de alegria e de esperança de toda a criação.

Marcelo também acompanha grupos negros e indígenas, nos quais testemunha a presença de Deus na experiência religiosa popular. Ele assessora comunidades e movimentos de base, especialmente em assuntos de espiritualidade, renovação litúrgica, ecumenismo e diálogo inter-religioso, e oferece cursos com o apoio do Centro de Estudos Bíblicos (CEBI), do Centro Ecumênico de Serviço à Evangelização e à Educação Popular (CESEP) e de outras organizações ecumênicas e populares nacionais, latino-americanas e de outros continentes.

É autor de vários livros e artigos sobre espiritualidade e diálogo inter-religioso. Deles se destacam: *O sonho da paz*: a unidade nas diferenças – ecumenismo religioso e o diálogo entre os povos (Petrópolis: Vozes, 1996), em que trata do ecumenismo como experiência concreta de homens e mulheres, de comunidades eclesiais e movimentos populares, no seu cotidiano de festas e de lutas por justiça e dignidade. O texto também estabelece um diálogo com as tradições religiosas populares brasileiras, especialmente as de origem indígenas e africana, indo assim para além do cristianismo. Na mesma direção, destaca-se *A dança do novo tempo*: o novo milênio, o jubileu bíblico e uma espiritualidade ecumênica (São Leopoldo: Sinodal/Paulus/Cebi, 1997), em que apresenta os princípios básicos da profecia bíblica do jubileu, assim como as indicações práticas e políticas de um projeto de jubileu para o século XXI.

A contribuição de Marcelo Barros é significativa para o contexto de produção teológica latino-americana, em especial para a busca de uma Teologia Pluralista da Libertação. Nesse sentido, se destaca o trabalho de organização em parceira com José Maria Vigil e Luiza Tomita, de vários livros sobre a temática, sob os auspícios da ASETT, da qual Marcelo integra a comissão teológica. O sugestivo nome pelo qual esse projeto é conhecido revela a vida, a visão e o testemunho de Marcelo Barros: "Pelos muitos caminhos de Deus".

1. A Teologia que nasce das culturas negras e indígenas

Em O *sabor da festa que renasce:* para uma Teologia Afro-Latíndia da Libertação (São Paulo: Paulinas, 2009), Marcelo Barros propõe uma mudança de lugar teológico que inclua a possibilidade de fazer Teologia a partir da realidade das culturas religiosas afro-indígenas. Trata-se de se articular dois polos de reflexão: o que emerge do ponto de vista da experiência afro-americana e o que se efetua dentro do marco das culturas indígenas, considerando que ambos releem e reinterpretam criativamente e partir de suas próprias experiências e símbolos a perspectiva teológica e religiosa latina da fé cristã.

O referencial hermenêutico dessa visão teológica é o da Teologia da Libertação, e ela se desenvolve no âmbito do paradigma do pluralismo religioso e cultural constatado na atualidade e assumidamente valorizado. Por essa valorização entende-se o reconhecimento do pluralismo como "dom precioso que enriquece a humanidade e a convida a um aprofundamento espiritual novo e mais profundo" (p. 31).

Embebido por um clima testemunhal, o autor apresenta em sua obra reflexões sobre aspectos históricos relevantes relacionados à formação das teologias afrodescendentes, em especial as suas raízes plurais; faz as devidas distinções entre os esforços de se pensar a fé no contexto das religiões afro-brasileiras, por um lado, e no contexto dos grupos cristãos que buscam pensar a fé cristã em diálogo com as culturas negras, por outro, além de relatar as aproximações entre esses diferentes grupos. Mesmo com as imprecisões do termo – apresentadas pelo autor – ficam indicadas, por exemplo, as experiências de uma Teologia do Candomblé e uma Teologia da Umbanda. A experiência de agentes cristãos de pastoral negra e de círculos teológicos cristãos que buscam uma síntese entre as culturas negras e a fé cristã também é descrita.

Entre as visões teológicas desafiadoras está a de uma Cristologia Afro-Latíndia. Ela mostra, entre outros aspectos, que a redenção acontece não mediante a morte sacrificial de Jesus na cruz, mas que nasce de uma fé confiante e despojada mediante o amor de Deus. "Isso não diminui o valor salvífico da autoentrega de Jesus em seu martírio e da força do exemplo que tem sua paixão. Mas abre a fé cristã a um reconhecimento de uma ação divina muito além do cristianismo" (pp. 125-126).

No tocante às questões eclesiológicas, o que fica indicado como valor são as formas comunitárias de viver a fé, no âmbito da referência teológica da libertação, em comunhão com as culturas afro e índia, incluindo o valor que nelas é dado às festas e ao ato de preparar e desfrutar a comida. Essa perspectiva requer uma mudança profunda na concepção de missão, que passa a ter a sua ênfase na forma profética de inserção no mundo, propondo viver e celebrar o testemunho da ressurreição de Jesus no meio dos sofrimentos humanos, sobretudo das pessoas mais pobres, e do martírio constante das comunidades negras e índias. A Eclesiologia Afro-Latíndia fundamenta-se numa atitude antirracista e antidiscriminatória; é comprometida com a justiça e com o respeito das diferenças. Ela é marcada, não obstante o seu caráter militante, pela alegria e pela dimensão lúdica, mesmo em meio ao sofrimento.

2. Fragmento

O encantamento da vida (uma Teologia decorrente da espiritualidade afrodescendente) (pp. 155-162)

[...] A vida é mais complexa e espiritualidade é assunto misterioso que vai sempre além de todas as nossas explicitações. De qualquer modo, tento este resumo de elementos espirituais apenas para dar uma espécie de pálido retrato da riqueza que nos é oferecida e a qual devemos de certa forma proteger. É claro que teríamos muitos outros pontos. Esses são colocados aqui como exemplo e para nos ajudar a descobrir outros.

Uma espiritualidade do cotidiano. Uma Yalorixá me falou: "Para o povo de Orixá, o sagrado é vivido no cotidiano, no aqui e agora". Isso aparece no catolicismo popular quando se vê que em um grupo de devoção as pessoas têm regras para como sair e como entrar na casa, cultivam devoções para o acordar diário e para o deitar, fazem orações de cura com ramos de árvore e água benta. Enfim, tudo na vida é impregnado da presença divina. No Nordeste, a mãe ensina aos filhos ainda pequenos: "O pão, qualquer pedaço de pão é sagrado. Nunca se põe um pedaço de pão no lixo. Seria desrespeitar o sagrado".

A vida inteira é impregnada por este mistério da presença divina. Muito antes de a Teologia da Libertação afirmar que não há duas histórias e que devemos evitar o dualismo (natural e sobrenatural), a espiritualidade popular faz com que as pessoas unam as devoções e a mística a promessas para recuperar saúde ou para conseguir algum bem material ou até pedir a Deus que consiga casamento!

Uma espiritualidade da comunidade. Nas culturas negras, cada pessoa é consagrada (as religiões negras dizem: é filho ou filha de santo), mas só pode viver sua consagração na comunidade. Na África, os Orixás eram familiares. Era tal família que era "filha de Iemanjá" ou de Oxóssi. Pela história da escravidão no Brasil, isso teve de ser mudado. Os Orixás são pessoais. Cada pessoa tem o seu Orixá. Mas em cada comunidade de Candomblé filhos e filhas do mesmo Orixá vivem como uma família. Reúnem-se sempre na mesma casa e guardam laços muito estreitos entre eles. Nas Igrejas, foram os negros que mantiveram as confrarias e hoje ainda os quilombos são quase as únicas comunidades que guardam elementos coletivos. Este elemento deve ser respeitado e valorizado.

De certo modo, no universo católico, isso é mantido nas confrarias e nas capelas de padroeiro, assim como nas congregações e ordens fundadas por tal santo, que se mantém como padroeiro. Ali, todo mundo é devoto de tal santo ou santa e é essa devoção que dá unidade ao grupo.

Uma espiritualidade do corpo e do feminino. Na escravidão, o corpo do(a) escravo(a) pertencia não a si mesmo(a), mas ao patrão. Mesmo depois que a escravidão acabou, o corpo negro continuou sendo objeto de discriminações e racismo. Por isso, todo trabalho de luta pela dignidade e liberdade da população negra tem de valorizar o corpo. A própria espiritualidade tem de resgatar o corpo, afirmar sua dignidade e sua beleza: permitir e mesmo favorecer uma teologia erótica que busque Deus na relação afetiva e na valorização do corpo como instrumento de comunhão humana e interpessoal. As religiões tradicionais negras sempre fizeram isso. O corpo é fundamental no Candomblé. O cristianismo precisa aprender essa Teologia Negra do corpo. Principalmente o corpo feminino, com tanta memória de violação e desrespeito, merece ser reentronizado como o corpo sagrado dos Orixás. É bom lembrar que em muitas casas de Candomblé só quem pode entrar na roda e dançar no Xirê são as mulheres. E os templos mais tradicionais do Candomblé da Bahia têm mães (Yalorixás) e não apenas pais (Babalorixás).

Ora, todos sabem que na Igreja Católica os ministérios ainda são exclusivamente masculinos e mesmo em Igrejas que já têm pastoras ainda há um caminho a percorrer para que a mulher possa se sentir totalmente equiparada aos homens e sem precisar renunciar a nada de sua feminilidade. Outro elemento que, contraditoriamente, aparece como vindo desta cultura é o modo espiritual como cada pessoa lida com o masculino e o feminino que todos nós temos interiormente. Ressaltei que há uma contradição porque, comumente, as culturas populares latino-americanas são famosas por seu machismo e sua imagem estereotipada de homens que têm de cumprir funções que antigamente nas tribos eram de

254

guerreiro e hoje são de "machão". Como alguns Orixás são ao mesmo tempo masculinos e femininos, o mistério da masculinidade e feminilidade é vivido de forma mais integrada ou pelo menos com naturalidade, aceitação de cada pessoa como ela é, sem julgamentos e com possibilidade de crescimento em uma ética que é de vida e não de padrões preestabelecidos.

Uma espiritualidade de amor à natureza. Em todo o continente latino-americano, a comunhão com a natureza é elemento essencial das expressões religiosas dos povos. Tanto nas culturas indígenas como nas tradições afro-americanas, a terra é sinal e instrumento da relação do ser humano com Deus. Os primeiros missionários do México aprenderam dos índios a descobrir que, no relato de Guadalupe, é o canto dos pássaros que conduz Juan Diego ao encontro com a "Virgencita". Quando o índio precisa provar a veracidade da aparição, são rosas e flores colhidas em pleno inverno que lhe servirão como sinal. Quem até hoje encontra igrejas, como a Catedral de Cuernavaca e outras das primeiras igrejas do tempo da conquista, admira as capelas construídas sem paredes para que a eucaristia pudesse ser celebrada em relação com a natureza, já que os índios não podiam compreender como se podia oferecer o culto a Deus numa casa fechada. [...]

Nas religiões tradicionais afrodescendentes, os Orixás, Inquices e Voduns são entidades da natureza (água, ventania, fogo, ferro, folhas etc.). Os cultos afros são todos ligados à natureza. O próprio templo se chama "terreiro". Bem antes de se falar em "espiritualidade ecológica", as comunidades negras ensinavam a sacralidade da natureza. Para grupos negros e indígenas, cada fenômeno natural tem o seu Espírito, isto é, sua presença própria de Deus. Tem vida. Muitos povos indígenas nos ensinam que cada lago tem o seu "espírito". Existe o espírito do lago, do rio, da floresta e do campo, como há espíritos menores de cada árvore e de cada tipo de animal. Nas tradições ancestrais, nenhum caçador se aventurava a caçar sem antes pedir licença ao espírito do animal e receber dele a indicação de qual bicho flechar.

A coincidência deste conceito de amor e veneração à terra e à natureza nas várias culturas negras e ameríndias decorre do fato de que a base cultural da subsistência da maioria dessas comunidades tradicionais ainda é a agricultura. Daí o choque que essas pessoas sentem ao serem obrigadas a sobreviver nas periferias urbanas. [...]

Os cristãos nunca falam de "sacralidade da natureza". Têm preconceito contra o que julgam ser "fetichismo" ou "panteísmo". Vários estudiosos europeus e americanos culparam a cultura judaico-cristã pela mentalidade que predominou na sociedade ocidental e tem sido responsável pelo desrespeito ao meio ambiente e pela destruição da natureza. Nas décadas passadas, desenvolveu-se no cristianismo uma Teologia da Criação e da História que reforçaram ainda mais uma visão na qual o ser humano parece senhor absoluto do universo e com direitos de fazer da natureza o que bem entender. [...]

É fundamental, então, que as comunidades cristãs e cada um de nós aprendamos com as comunidades de cultura negra uma espiritualidade e, por que não dizer, uma Teologia Ecológica Afro-Latíndia.

INDICAÇÕES BIBLIOGRÁFICAS

ABRAHAM, K. C. "Pluralismo religioso e Teologia Asiática". In: ASETT (org.). *Teologia Pluralista Libertadora Intercontinental*. São Paulo: Paulinas, 2008, pp. 185-208.

ALTMANN, Walter. "O pluralismo religioso como desafio ao ecumenismo na América Latina". In: SUSIN, Luis Carlos (org.). *Sarça ardente:* Teologia na América Latina: prospectivas. São Paulo: Paulinas, 2000.

AMALADOSS, Michael. *Pela estrada da vida:* prática do diálogo inter--religioso. São Paulo: Paulinas, 1995.

_____. *Missão e inculturação*. São Paulo: Loyola, 2000.

_____. *O cosmo dançante:* um caminho para a harmonia. Aparecida: Santuário, 2007.

_____. *Jesus o Profeta do Oriente:* imagem e representação do Messias na tradição cristã, hindu e budista. São Paulo: Ed. Pensamento, 2009.

_____. "O pluralismo das religiões e o significado de Cristo". In: TEIXEIRA, Faustino do Couto (org.). *Diálogo de pássaros:* nos caminhos do diálogo inter-religioso. São Paulo: Paulinas, 1993, pp. 89-109.

_____. "O Deus de todos os nomes e o diálogo inter-religioso". In: SUSIN, Luiz Carlos (org.). *Teologia para um outro mundo possível*. São Paulo: Paulinas, 2006, pp. 373-391.

_____. "Ser um cristão-hindu". In: ASETT (org.). *Por uma Teologia Planetária*. São Paulo: Paulinas, 2011, pp. 47-54.

AQUINO JUNIOR, Francisco. "Igreja dos pobres: sacramento do povo universal de Deus. Tópicos de uma eclesiologia macroecumênica da libertação". In: *Pluralismo e libertação:* por uma Teologia Latino-Americana Pluralista a partir da fé cristã. São Paulo: Loyola, 2005, p. 193-214.

ARIARAJAH, Wesley. *Repensando a missão nos dias de hoje*. São Bernardo do Campo: Editeo, 2011.

ARMSTRONG, Karen. *Uma história de Deus*. Quatro milênios de busca do judaísmo, cristianismo e islamismo. São Paulo: Companhia das Letras, 1994.

ASETT (org.). *Pelos muitos caminhos de Deus:* desafios do pluralismo religioso à Teologia da Libertação. Goiás: Ed. Rede 2003.

_____. *Pluralismo e libertação:* por uma Teologia Latino-Americana Pluralista a partir da fé cristã. São Paulo: Loyola, 2005.

_____. *Teologia Latino-Americana Pluralista da Libertação.* São Paulo: Paulinas, 2006.

_____. *Teologia Pluralista Libertadora Intercontinental.* São Paulo: Paulinas, 2008.

_____. *Por uma Teologia Planetária.* São Paulo: Paulinas, 2011.

AUGRAS, Monique. "Tolerância: os paradoxos". In: TEIXEIRA, Faustino do Couto (org.). *O diálogo inter-religioso como afirmação da vida.* São Paulo: Paulinas, 1997, pp. 77-91.

BALASURIYA, Tissa. "Revelação e revelações". In: ASETT (org.). *Teologia Latino-Americana Pluralista da Libertação.* São Paulo: Paulinas, 2006, pp. 19-44.

_____. "Por que uma Cristologia pluralista na Ásia". In: ASETT (org.). *Teologia Pluralista Libertadora Intercontinental.* São Paulo: Paulinas, 2008, pp. 253-272.

BAPTISTA, Paulo Agostinho N. *Libertação e ecologia:* a Teologia Teoantropocósmica de Leonardo Boff. São Paulo: Paulinas, 2011.

BARROS, Marcelo. *O sabor da festa que renasce:* para uma Teologia Afro-Latíndia da Libertação. São Paulo: Paulinas, 2009.

_____. *O sonho da paz:* a unidade nas diferenças – ecumenismo religioso e o diálogo entre os povos. Petrópolis: Vozes, 1996.

_____. *Dança do novo tempo:* o novo milênio, o jubileu bíblico e uma espiritualidade ecumênica. São Leopoldo: Sinodal/Paulus/Cebi, 1997.

_____. "A reconciliação de quem nunca se separou". In: ASETT (org.). *Pelos muitos caminhos de Deus:* desafios do pluralismo religioso à Teologia da Libertação. Goiás: Ed. Rede, 2003, pp. 135-155.

_____. "Muitas falas e uma única palavra: amor". In: ASETT (org.). *Pluralismo e libertação:* por uma Teologia Latino-Americana Pluralista a partir da fé cristã. São Paulo: Loyola, 2005, pp. 145-160.

_____. "Cristologia Afro-Latíndia: discussão com Deus". In: ASETT (org.). *Pluralismo e libertação: por uma Teologia Latino-Americana Pluralista a partir da fé cristã*. São Paulo: Loyola, 2005, pp. 171-184.

_____. "Beber do próprio poço: águas que a amizade traz. A oração cristã com base em uma Teologia Pluralista da Libertação". In: ASETT (org.). *Teologia Latino-Americana Pluralista da Libertação*. São Paulo: Paulinas, 2006, pp. 237-260.

_____. "Múltipla pertença, o pluralismo vindouro". In: ASETT (org.). *Teologia Pluralista Libertadora Intercontinental*. São Paulo: Paulinas, 2008, pp. 41-60.

_____. "A frágil transparência do absoluto. Teologia para uma espiritualidade transreligiosa". In: ASETT (org.). *Por uma Teologia Planetária*. São Paulo: Paulinas, 2011, pp. 55-80.

_____. "Jesus de Nazaré, Orixá da compaixão: elementos de uma Cristologia Afro-Brasileira". In: VIGIL, José Maria (org.). *Descer da cruz os pobres: Cristologia da Libertação*. São Paulo: Paulinas/ASETT, 2007, pp. 19-29.

BARTHOLO JUNIOR, Roberto. "Da linguagem dos pássaros sobre o encontro das religiões feito diálogo". In: TEIXEIRA, Faustino do Couto (org.). *Diálogo de pássaros: nos caminhos do diálogo inter-religioso*. São Paulo: Paulinas, 1993, pp. 123-139.

BERKENBROCH, Volney. *A experiência dos Orixás: um estudo sobre a experiência religiosa no Candomblé*. Petrópolis: Vozes, 1998.

BHOGAL, Inderjit. *Pluralismo religioso e a missão da Igreja na atualidade*. São Bernardo do Campo: Editeo, 2007.

BINGEMER, Maria Clara Luchetti. "Faces e interfaces da sacralidade em um mundo secularizado". In: LIMA, Degislando & TRUDEL, Jacques (orgs.). *Teologia em diálogo*. São Paulo: Paulinas, 2002, pp. 285-332.

_____. "A Pneumatologia como possibilidade de diálogo e missão universais". In: TEIXEIRA, Faustino do Couto (org.). *Diálogo de pássaros*: nos caminhos do diálogo inter-religioso. São Paulo: Paulinas, 1993, pp. 111-121.

_____. "'Não terás outros deuses além de mim' (é o monoteísmo uma fonte de violência?)". In: SOTER (org.). *Religiões e paz mundial*. São Paulo: Paulinas, 2010, pp. 35-60.

BIZON, José, et al. (orgs.). *Diálogo inter-religioso: 40 anos da Declaração Nostra Aetate 1965-2005*. São Paulo: Paulinas, 2005.

BOTAS, Paulo. "A maldição de Malaquias: eclesiologia negra e pluralismo religioso". In: ASETT (org.). *Pluralismo e libertação: por uma Teologia Latino-Americana Pluralista a partir da fé cristã*. São Paulo: Loyola, 2005, pp. 215-224.

BRIGHENTI, Agenor. "Teologia e pluralismo religioso. Questões metodológicas". In: ASETT (org.). *Por uma Teologia Planetária*. São Paulo: Paulinas, 2011, pp. 81-92.

CANTONE, Carlo (org.). *A Revolta planetária de Deus:* da "experiência religiosa" à "experiência secular". São Paulo: Paulinas, 1995.

CASALDÁLIGA, Pedro. "O macroecumenismo e a proclamação do Deus da vida". In: TEIXEIRA, Faustino do Couto (org.). *O diálogo inter-religioso como afirmação da vida*. São Paulo: Paulinas, 1997, pp. 31-38.

CHAMORRO, Graciela. *A espiritualidade guarani:* uma Teologia Ameríndia da Palavra. São Leopoldo: Sinodal, 1998.

CHIA, Edmund Kee-Fook. "Teologia Asiática e pluralismo religioso". In: ASETT (org.). *Teologia Pluralista Libertadora Intercontinental*. São Paulo: Paulinas, 2008, pp. 161-184.

_____. "A Teologia interconfessional é possível?". In: ASETT (org.). *Por uma Teologia Planetária*. São Paulo: Paulinas, 2011, pp. 93-100.

COMBLIN, José. *Quais os desafios dos temas teológicos atuais?* São Paulo: Paulus, 2005.

_____. "O debate atual sobre o universalismo cristão". In: *Concilium* (155), 1980.

_____. "A Teologia das Religiões a partir da América Latina". In: ASETT (org.). *Pluralismo e libertação:* por uma Teologia Latino-Americana Pluralista a partir da fé cristã. São Paulo: Loyola, 2005, pp. 47-70.

_____. "Jesus libertador numa visão da Teologia Pluralista". In: ASETT (org.). *Teologia Latino-Americana Pluralista da Libertação*. São Paulo: Paulinas, 2006, pp. 121-148.

CUNHA, Magali do Nascimento. "O pluralismo religioso na agenda das Igrejas protestantes no mundo contemporâneo". In: BHOGAL, Inderjit. *Pluralismo religioso e a missão da Igreja na atualidade*. São Bernardo do Campo: Editeo, 2007, pp. 25-46.

_____. "Religião e paz: contribuições do movimento ecumênico à superação da violência e à construção da paz com justiça". In: SOTER (org.). *Religiões e paz mundial*. São Paulo: Paulinas, 2010, pp. 7-34.

DAMEN, Franz. "Panorama das religiões no mundo e na América Latina". In: ASETT (org.). *Pelos muitos caminhos de Deus:* desafios do pluralismo religioso à Teologia da Libertação. Goiás: Ed. Rede, 2003, pp. 45-48.

DEIFELT. Wanda. "Deus no corpo: uma análise feminista da revelação". In: ASETT (org.). *Teologia Latino-Americana Pluralista da Libertação.* São Paulo: Paulinas, 2006, pp. 79-102.

DOLAMO, Ramathate. "As relações inter-religiosas entre cristãos e muçulmanos na África do Sul". In: ASETT (org.). *Teologia Pluralista Libertadora Intercontinental.* São Paulo: Paulinas, 2008, pp. 281-280.

DUPUIS, Jacques. *Rumo a uma Teologia Cristã do Pluralismo Religioso.* São Paulo: Paulinas, 1999.

_____. *O cristianismo e as religiões:* do desencontro ao encontro. São Paulo: Loyola, 2004.

_____. "O debate cristológico no contexto do pluralismo religioso". In: TEIXEIRA, Faustino do Couto (org.). *Diálogo de pássaros:* nos caminhos do diálogo inter-religioso. São Paulo: Paulinas, 1993, pp. 75-88.

EGEA, Amin. "Contribuição *Baha'i* para uma 'Teologia Transreligiosa'". In: ASETT (org.). *Por uma Teologia Planetária.* São Paulo: Paulinas, 2011, pp. 101-110.

ESTERMANN, José. "Jesus Cristo como chakana: esboço de uma Cristologia Andina de Libertação". In: VIGIL, José Maria (org.). *Descer da cruz os pobres:* Cristologia da Libertação. São Paulo: Paulinas/ASETT, 2007, pp. 120-131.

FELLER, Vitor Galdino. *O sentido da salvação:* Jesus e as religiões. São Paulo: Paulinas, 2005.

FRISOTTI, Heitor. *Passos no diálogo:* Igreja Católica e religiões afro-brasileiras. São Paulo: Paulus, 1996.

FUENTES, Ismael González. "Diálogo com o xintoísmo". In: ASETT (org.). *Teologia Pluralista Libertadora Intercontinental.* São Paulo: Paulinas, 2008, pp. 209-220.

GARAY, Joaquim Ernesto. "Possíveis contribuições da Teologia Pluralista da Libertação à construção de uma ética mundial". In: *Teologia Latino-Americana Pluralista da Libertação.* São Paulo: Paulinas, 2006, pp. 261-276.

261

GEBARA, Ivone. "Pluralismo religioso: uma perspectiva feminista". In: ASETT (org.). *Teologia Latino-Americana Pluralista da Libertação*. São Paulo: Paulinas, 2006, pp. 277-298.

GEFFRÉ, Claude. *Crer e interpretar:* a virada hermenêutica da Teologia. Petrópolis: Vozes, 2004.

_____. "O lugar das religiões no plano da salvação". In: TEIXEIRA, Faustino do Couto (org.). *O diálogo inter-religioso como afirmação da vida*. São Paulo: Paulinas, 1997, pp. 111-137.

_____. "Para uma nova Teologia das Religiões". In: GIBELLINI, Rosino (org.). *Perspectivas teológicas para o século XXI*. Aparecida: Santuário, 2005, pp. 319-336.

_____. "A fé na era do pluralismo religioso". In: TEIXEIRA, Faustino do Couto (org.). *Diálogo de pássaros:* nos caminhos do diálogo inter--religioso. São Paulo: Paulinas, 1993, pp. 61-74.

GESCHE, Adolph. "O cristianismo e as outras religiões". In: TEIXEIRA, Faustino do Couto (org.). *Diálogo de pássaros:* nos caminhos do diálogo inter-religioso. São Paulo: Paulinas, 1993, pp. 35-59.

GETUI, Mary. "A Teologia do Pluralismo Religioso na África". In: ASETT (org.). *Teologia Pluralista Libertadora Intercontinental*. São Paulo: Paulinas, 2008.

_____. "Salvação e cura: uma formulação teológica africana". In: ASETT (org.). *Teologia Pluralista Libertadora Intercontinental*. São Paulo: Paulinas, 2008, pp. 293-298.

GOMES DE SOUZA, Luis Alberto. "As religiões e o desafio da vida". In: TEIXEIRA, Faustino do Couto (org.). *O diálogo onter-religioso como afirmação da vida*. São Paulo: Paulinas, 1997, pp. 15-29.

GONZALEZ, Roberto Enrique, et al. "A conversão de Jesus à fé originária andina: processos de síntese vital no encontro de duas revelações". In: *Teologia Latino-Americana Pluralista da Libertação*. São Paulo: Paulinas, 2006, pp. 61-78.

GRIFFITHS, Bede. *Casamento do Oriente com o Ocidente:* hinduísmo e cristianismo. São Paulo: Paulus, 2000.

HAIGHT, Roger. *Jesus, símbolo de Deus*. São Paulo: Paulinas, 2003.

_____. *O futuro da Cristologia*. São Paulo: Paulinas, 2008.

HEISIG, James W. *Diálogos a uma polegada acima da terra:* recuperação da fé num mundo inter-religioso. São Paulo: Loyola, 2004.

HICK, John. *Teologia Cristã e pluralismo religioso:* o arco-íris das religiões. Juiz de Fora: PPCIR, 2005.

_____. *A metáfora do Deus encarnado.* Petrópolis: Vozes, 2000.

_____. "O caráter não absoluto do cristianismo". In: *Numem*, 1(1), jul./ dez. 1998, pp. 11-44.

HIGUET, Etienne. "Fora das religiões há salvação: salvação em uma perspectiva pluralista". In: ASETT (org.). *Teologia Latino-Americana Pluralista da Libertação.* São Paulo: Paulinas, 2006, pp. 191-218.

HILLMAN, Eugene. *As várias moradas:* os católicos diante do pluralismo religioso. São Paulo: Loyola, 1997.

HINZE, Bradford E. & OMAR, Irfan A. *Herdeiros de Abraão:* o futuro das relações entre muçulmanos, judeus e cristãos. São Paulo: Paulus, 2007.

HOPKINS, Dwight. "A libertação do povo na perspectiva das minorias dos Estados Unidos". In: ASETT (org.). *Teologia Pluralista Libertadora Intercontinental.* São Paulo: Paulinas, 2008, pp. 299-306.

IRARRAZAVAL, Diego. *De baixo e de dentro:* crenças latino-americanas. São Bernardo do Campo: Nhanduti Editora, 2007.

_____. "Reimplantação teológica da fé indígena". In: ASETT (org.). *Pelos muitos caminhos de Deus:* desafios do pluralismo religioso à Teologia da Libertação. Goiás: Ed. Rede, 2003, pp. 85-96.

_____. "Rotas abertas e fechadas em direção a Deus". In: ASETT (org.). *Pluralismo e libertação:* por uma Teologia Latino-Americana Pluralista a partir da fé cristã. São Paulo: Loyola, 2005, pp. 225-230.

_____. "Epílogo: pluralidade nas teologias". In: ASETT (org.). *Teologia Latino-Americana Pluralista da Libertação.* São Paulo: Paulinas, 2006, pp. 299-309.

_____. "Salvação indígena e afro-americana". In: ASETT (org.). *Teologia Pluralista Libertadora Intercontinental.* São Paulo: Paulinas, 2008, pp. 61-88.

JOSAPHAT, Carlos. *Evangelho e diálogo inter-religioso.* São Paulo: Loyola, 2003.

KHALIDI, Tarif (org.). *O Jesus muçulmano:* provérbios e histórias na literatura islâmica. Rio de Janeiro: Imago, 2001.

KLINGER, Elmar. *Jesus e o diálogo das religiões.* Aparecida: Santuário, 2010.

KNITTER, Paul. *Introdução às teologias das religiões*. São Paulo: Paulinas, 2008.

_____. *Jesus e os outros nomes:* missão cristã e responsabilidade global. São Bernardo do Campo: Nhanduti, 2010.

_____. "A Teologia Católica das Religiões numa encruzilhada". In: *Concilium*, 203 (1), 1986, pp. 105-114.

_____. "Para uma Teologia das Religiões". In: ASETT (org.). *Pelos muitos caminhos de Deus:* desafios do pluralismo religioso à Teologia da Libertação. Goiás: Ed. Rede, 2003, pp. 13-44.

_____. "Religiões, misticismo e libertação: um diálogo entre a Teologia da Libertação e a Teologia das Religiões". In: ASETT (org.). *Pluralismo e Libertação: por uma Teologia Latino-Americana Pluralista a partir da fé cristã*. São Paulo: Loyola, 2005, pp. 89-106.

_____. "Uma Cristologia Libertadora é uma Cristologia Pluralista, e com garra!". In: VIGIL, José Maria (org.). *Descer da cruz os pobres:* Cristologia da Libertação. São Paulo: Paulinas/ASETT, 2007, pp. 184-188.

_____. "Bases para uma Teologia Pluralista Multiconfessional". In: ASETT (org.). *Por uma Teologia Planetária*. São Paulo: Paulinas, 2011, pp. 111-120.

KÜNG, Hans. *Teologia a caminho*: fundamentação para o diálogo ecumênico. São Paulo: Paulinas, 1999.

_____. *Projeto de ética mundial:* uma moral ecumênica em vista da sobrevivência humana. São Paulo: Paulinas, 1993.

_____. *Religiões do mundo:* em busca dos pontos comuns. Campinas: Verus, 2004.

LAMPE, Armando. "Intolerância religiosa contra o pluralismo religioso na história latino-americana". In: ASETT (org.). *Pelos muitos caminhos de Deus:* desafios do pluralismo religioso à Teologia da Libertação. Goiás: Ed. Rede, 2003, pp. 49-64.

LIENEMANN-PERRIN, Christine. *Missão e diálogo inter-religioso*. São Leopoldo: Sinodal, 2005.

LOY, David. "Reflexões budistas sobre a Teologia Interconfessional". In: ASETT (org.). *Por uma Teologia Planetária*. São Paulo: Paulinas, 2011, pp. 121-128.

MAGESA, Laurent. "Teologia interconfessional: a contribuição nativa africana para o debate". In: ASETT (org.). *Por uma Teologia Planetária*. São Paulo: Paulinas, 2011, pp. 129-138.

MARCONI, Momolina. *Prelúdio à história das religiões*. São Paulo: Paulus, 2008.

MENEZES, Paulo. "Tolerância e religiões". In: TEIXEIRA, Faustino do Couto (org.). *O diálogo inter-religioso como afirmação da vida*. São Paulo: Paulinas, 1997, pp. 39-54.

MIRANDA, Mario de França. *O cristianismo em face das religiões*. São Paulo: Loyola, 1998.

_____. *Um catolicismo desafiado*: igreja e pluralismo religioso no Brasil. São Paulo: Paulinas, 1996.

_____. "A afirmação da vida como questão teológica para as religiões". In: TEIXEIRA, Faustino do Couto (org.). *O diálogo inter-religioso como afirmação da vida*. São Paulo: Paulinas, 1997, pp. 99-110.

MOLARI, Carlo. "Teologia do pluralismo religioso na Europa e no Ocidente". In: ASETT (org.). *Teologia Pluralista Libertadora Intercontinental*. São Paulo: Paulinas, 2008, pp. 307-336.

MOLINER, Albert. *Pluralismo religioso e sofrimento eco-humano*: a contribuição de Paul F. Knitter para o diálogo inter-religioso. São Paulo: Paulinas, 2011.

MOLTMANN, Jürgen. *Experiências de reflexão teológica*: caminhos e formas da Teologia Cristã. São Leopoldo: Ed. Unisinos, 2004.

NEUSNER, Jacob. "'Religiões em geral?' É plausível uma Teologia Interconfessional na universidade?". In: ASETT (org.). *Por uma Teologia Planetária*. São Paulo: Paulinas, 2011, pp. 139-148.

NEVILLE, Robert Cummings (org.). *A condição humana*: um tema para religiões comparadas. São Paulo: Paulus, 2005.

OKURE, Teresa. "A Teologia Interconfessional é possível? Se não, por quê?". In: ASETT (org.). *Por uma Teologia Planetária*. São Paulo: Paulinas, 2011, pp. 149-162.

OMAR, Irfan. "Teologia Interconfessional mundial do pluralismo religioso: uma perspectiva muçulmana". In: ASETT (org.). *Por uma Teologia Planetária*. São Paulo: Paulinas, 2011, pp. 163-172.

PANASIEWICZ, Roberlei. *Pluralismo religioso contemporâneo*: diálogo inter-religioso na Teologia de Claude Geffré. São Paulo: Paulinas, 2007.

PANIKKAR, Raimon. "A interpelação do pluralismo religioso. Teologia Católica do terceiro milênio". In: ASETT (org.). *Teologia Pluralista Libertadora Intercontinental*. São Paulo: Paulinas, 2008, pp. 235-252.

_____. "Teologia da Libertação e libertação da Teologia". In: ASETT (org.). *Por uma Teologia Planetária*. São Paulo: Paulinas, 2011, pp. 173-180.

PEDREIRA, Eduardo Rosa. *Do confronto ao encontro:* uma análise do cristianismo em suas posições ante os desafios do diálogo inter-religioso. São Paulo: Paulinas, 1999.

PEREZ, Mario. "Uma revelação índia de Deus Mãe". In: ASETT (org.). *Pluralismo e libertação:* por uma Teologia Latino-Americana Pluralista a partir da fé cristã. São Paulo: Loyola, 2005, pp. 185-192.

PHAN, Peter. "Cristologia Interconfessional: possibilidade ou aspiração?". In: ASETT (org.). *Por uma Teologia Planetária*. São Paulo: Paulinas, 2011, pp. 181-190.

PIERIS, Aloysius. *Viver e arriscar:* estudos inter-religiosos comparativos a partir de uma perspectiva asiática. São Bernardo do Campo: Nhanduti Editora, 2008.

PIKAZA IBARRONDO, Xabier. *Monoteísmo e globalização:* Moisés, Jesus e Muhammad. Petrópolis: Vozes, 2002.

_____. *Violência e diálogo das religiões:* um projeto de paz. São Paulo: Paulinas, 2008.

PIXLEY, Jorge. "Memórias de lutas populares – um unificador potencial?". In: ASETT (org.). *Pluralismo e libertação:* por uma Teologia Latino-Americana Pluralista a partir da fé cristã. São Paulo: Loyola, 2005, pp. 33-46.

QUEIRUGA, Andrés Torres. *Autocompreensão cristã:* diálogo das religiões. São Paulo: Paulinas, 2007.

_____. *O diálogo das religiões*. São Paulo: Paulus, 1997.

RAO, K. L. Seshagiri. "Teologia Interconfessional: uma perspectiva hindu". In: ASETT (org.). *Por uma Teologia Planetária*. São Paulo: Paulinas, 2011, pp. 225-238.

REHBEIN, Franziska C. *Candomblé e salvação:* a salvação na religião Nagô à luz da Teologia Cristã. São Paulo: Loyola, 1985.

RENSHAW, Richard. "A terra: referencial primordial para as religiões e para a Teologia das Religiões". In: ASETT (org.). *Teologia Pluralista Libertadora Intercontinental.* São Paulo: Paulinas, 2008, pp. 351-366.

_____. "A experiência religiosa como fundamento para uma possível Teologia Interconfessional". In: ASETT (org.). *Por uma Teologia Planetária.* São Paulo: Paulinas, 2011, pp. 201-214.

RIBEIRO, Claudio de Oliveira. "Religiões e salvação: indicações para o diálogo inter-religioso na Teologia de Paul Tillich". In: *Numen – Revista de Estudos e Pesquisa da Religião,* vol. 3, n. 2, jul./dez. 2000, pp. 31-46.

_____. "Diálogo Ecumênico, pluralismo e religiões na América Latina". In: *Nueva America,* 131, jul.-set. 2011, pp. 21-25.

ROBLES, José Amando. "Rumo a uma Teologia Pós-confessional e Pós--religiosa. Experiência religiosa, símbolo e Teologia pós-religiosa". In: ASETT (org.). *Por uma Teologia Planetária.* São Paulo: Paulinas, 2011, pp. 215-224.

RODRIGUES, Adriani Milli. "O diálogo das religiões mundiais em Jürgen Moltmann: uma Teologia não relativista das religiões". In: *Caminhando,* 14(1), jul. 2009, pp. 23-34.

SANCHES, Wagner Lopes. *Pluralismo religioso:* as religiões do mundo atual. São Paulo: Paulinas, 2005.

SANCHIS, Pierre. "A propósito da tolerância religiosa". In: TEIXEIRA, Faustino do Couto (org.). *O diálogo inter-religioso como afirmação da vida.* São Paulo: Paulinas, 1997, pp. 55-76.

SANTA ANA, Julio de. "Diálogos inter-religiosos: dificuldades e promessas". In: SOTER (org.). *Religiões e paz mundial.* São Paulo: Paulinas, 2010, pp. 99-117.

SANTIDRIÁN, Pedro R. *Dicionário Básico das Religiões.* Aparecida-SP: Ed. Santuário, 1996.

SCHERER, Burkhard (org.). *As grandes religiões:* temas centrais comparados. Petrópolis: Vozes, 2005.

SERRA, Ordep. *Águas do rei.* Petrópolis: Vozes & Koinonia, 1995.

SILVA, Antônio Aparecido da. "Teologia cristã do pluralismo religioso face às tradições religiosas afro-americanas". In: ASETT (org.). *Pelos muitos caminhos de Deus:* desafios do pluralismo religioso à Teologia da Libertação. Goiás: Ed. Rede, 2003, pp. 97-107.

SILVA, Sílvia Regina de Lima. "De segredo a sagrado: revelação e Teologia Negra". In: ASETT (org.). *Teologia Latino-Americana Pluralista da Libertação*. São Paulo: Paulinas, 2006, pp. 45-60.

SINNER, Rudolf Von. *Confiança e convivência:* reflexões éticas e ecumênicas. São Leopoldo: Sinodal, 2007.

SOARES, Afonso Ligório. *No espírito do Abbá:* fé, revelação e vivências plurais. São Paulo: Paulinas, 2008.

_____. *Interfaces da revelação:* pressupostos para uma Teologia do sincretismo religioso no Brasil. São Paulo: Paulinas, 2003.

_____. "Valor teológico do sincretismo numa perspectiva pluralista". In: ASETT (org.). *Teologia Pluralista Libertadora Intercontinental.* São Paulo: Paulinas, 2008, pp. 113-136.

_____. "O sincretismo à luz de uma Teologia Interconfessional: algumas notas preliminares". In: ASETT (org.). *Por uma Teologia Planetária.* São Paulo: Paulinas, 2011, pp. 239-252.

_____. *Dialogando com Juan Luis Segundo.* São Paulo: Paulinas, 2005.

_____. (org.). *Dialogando com Jacques Dupuis.* São Paulo: Paulinas, 2008.

SOARES DE AZEVEDO, Mateus. *Mística islâmica:* atualidade e convergência com a espiritualidade cristã. Petrópolis: Vozes, 2000.

SOTER (org.). *Religiões e paz mundial.* São Paulo: Paulinas, 2010.

SOUZA, Sandra Duarte de. "Pluralismo religioso: uma introdução ao tema". In: BHOGAL, Inderjit. *Pluralismo religioso e a missão da Igreja na atualidade.* São Bernardo do Campo: Editeo, 2007, pp. 13-23.

STEIL, Carlos Alberto. "O diálogo inter-religioso numa perspectiva antropológica". In: TEIXEIRA, Faustino do Couto (org.). *Diálogo de pássaros:* nos caminhos do diálogo inter-religioso. São Paulo: Paulinas, 1993, pp. 23-33.

SUESS, Paulo. "Pluralismo e missão; por uma hermenêutica da alteridade". In: ASETT (org.). *Teologia Pluralista Libertadora Intercontinental.* São Paulo: Paulinas, 2008, pp. 89-112.

SUSIN, Luiz Carlos. "A universalidade da revelação nas religiões". In: ASETT (org.). *Pluralismo e libertação: por uma Teologia Latino-Americana Pluralista a partir da fé cristã.* São Paulo: Loyola, 2005.

268

TAUCHNER, Cristian. "A tarefa missionária com base na Teologia Pluralista da Libertação". In: ASETT (org.). *Teologia Latino-Americana Pluralista da Libertação*. São Paulo: Paulinas, 2006, pp. 169-190.

TEIXEIRA, Faustino do Couto & DIAS, Zwinglio Motta. *Ecumenismo e diálogo inter-religioso*: a arte do possível. Aparecida: Santuário, 2008.

TEIXEIRA, Faustino do Couto. *Teologia das Religiões*: uma visão panorâmica. São Paulo: Paulinas, 1995.

_____. "O diálogo como linguagem evangelizadora". In: TEIXEIRA, Faustino do Couto (org.). *Diálogo de pássaros: nos caminhos do diálogo inter-religioso*. São Paulo: Paulinas, 1993, pp. 141-163.

_____. "A experiência de Deus nas religiões". In: BOGAZ, Antonio & COUTO, Marcio (orgs.). *Deus, onde estás?* A busca de Deus numa sociedade fragmentada. São Paulo: Loyola, 2001, pp. 73-112.

_____. "A interpelação do diálogo inter-religioso para a Teologia". In: SUSIN, Luis Carlos (org.). *Sarça ardente*: Teologia na América Latina – prospectivas. São Paulo: Paulinas, 2000, pp. 415-434.

_____. "A Igreja e o desafio do diálogo e anúncio". In: *Revista Eclesiástica Brasileira*, 55(218), jun. 1995, pp. 293-322.

_____. "Jornada Mundial de Oração pela Paz". In: *Revista Eclesiástica Brasileira*, 56(223), set. 1996, pp. 685-688. Também publicado em In: TEIXEIRA, Faustino do Couto (org.). *O diálogo inter-religioso como afirmação da vida*. São Paulo: Paulinas, 1997.

_____. "A Teologia do Pluralismo Religioso em Claude Geffré". In: *Numem*, 1(1), jul./dez. 1998, pp. 45-83.

_____. "A Teologia do Pluralismo Religioso em questão". *Revista Eclesiástica Brasileira*,

_____. "Reflexão Teológica sob Censura". In: *Tempo e Presença*, 23(316), mar./abr. 2001, pp. 28-30.

_____. "Uma Cristologia provocada pelo pluralismo religioso: reflexões em torno ao livro *Jesus, símbolo de Deus,* de Roger Haight". In: *Revista Eclesiástica Brasileira*, 65(258), abr. 2005, pp. 293-313.

_____. "O desafio do pluralismo religioso para a Teologia Latino-Americana". In: ASETT (org.). *Pelos muitos caminhos de Deus*: desafios do pluralismo religioso à Teologia da Libertação. Goiás: Ed. Rede, 2003, pp. 65-84.

_____. "Uma eclesiologia em tempos de pluralismo religioso". In: ASETT (org.). *Teologia Latino-Americana Pluralista da Libertação*. São Paulo: Paulinas, 2006, pp. 149-168.

_____. "O desafio de uma Cristologia em chave pluralista". In: VIGIL, José Maria (org.). *Descer da cruz os pobres:* Cristologia da Libertação. São Paulo: Paulinas/ASETT, 2007, pp. 330-339.

_____. "A Teologia do Pluralismo Religioso na América Latina". In: ASETT (org.). *Teologia Pluralista Libertadora Intercontinental.* São Paulo: Paulinas, 2008, pp. 21-40.

_____. "Marcos de uma mística inter-religiosa". In: ASETT (org.). *Por uma Teologia Planetária.* São Paulo: Paulinas, 2011, pp. 253-266.

_____. "O irrevogável desafio do pluralismo religioso". In: SOTER (org.). *Religiões e paz mundial.* São Paulo: Paulinas, 2010, pp. 173-186.

_____. "Fundamentos e possibilidades para um diálogo inter-religioso hoje". In: MACIEL, Adailton (org.). *Ainda o sagrado selvagem:* homenagem a Antônio Gouvêa Mendonça. São Paulo: Paulinas/Fonte, 2010, pp. 155-166.

TEIXEIRA, Faustino do Couto (org.). *Diálogo de pássaros:* nos caminhos do diálogo inter-religioso. São Paulo: Paulinas, 1993.

_____. *O diálogo inter-religioso como afirmação da vida.* São Paulo: Paulinas, 1997.

_____. *No limiar do mistério:* mística e religião. São Paulo: Paulinas, 2004.

_____. *Nas teias da delicadeza:* itinerários místicos. São Paulo: Paulinas, 2006.

_____. *Teologia e pluralismo religioso.* São Bernardo do Campo: Nhanduti Editora, 2012.

TOMITA, Luiza. "A contribuição da Teologia Feminista da Libertação para o debate do pluralismo religioso". In: ASETT (org.). *Pelos muitos caminhos de Deus:* desafios do pluralismo religioso à Teologia da Libertação. Goiás: Ed. Rede, 2003, pp. 108-119.

_____. "Crista na ciranda de Asherah, Isis e Sofia: propondo metáforas divinas para um debate feminista do pluralismo religioso". In: ASETT (org.). In *Pluralismo e libertação:* por uma Teologia Latino-Americana Pluralista a partir da fé cristã. São Paulo: Loyola, 2005, pp. 107-124.

270

TOMITA, Luiza & BARROS, Marcelo. "Uno e múltiplo. Deus numa perspectiva pluralista". In: ASETT (org.). *Teologia Latino-Americana Pluralista da Libertação*. São Paulo: Paulinas, 2006, pp. 103-120.

TROCH, Lieve. "Vozes de quem mora sobre fronteiras: a importância do 'lugar social' para o diálogo inter-religioso". In: ASETT (org.). *Teologia Pluralista Libertadora Intercontinental*. São Paulo: Paulinas, 2008, pp. 337-350.

USARSKI, Frank. *O budismo e as outras:* encontros e desencontros entre as grandes religiões mundiais. Aparecida: Ideias & Letras, 2009.

_____. "Upāya – um 'meio habilidoso' pacífico? Reflexões sobre o potencial de uma figura retórica budista em contextos inter-religiosos". In: SOTER (org.). *Religiões e paz mundial*. São Paulo: Paulinas, 2010, pp. 61-78.

VELHO, Otavio. "Identidade e diálogo inter-religioso". In: TEIXEIRA, Faustino do Couto (org.). *O diálogo inter-religioso como afirmação da vida*. São Paulo: Paulinas, 1997, pp. 93-98.

VIGIL, José Maria. *Teologia do Pluralismo Religioso:* para uma releitura pluralista do cristianismo. São Paulo: Paulus, 2006.

_____. "Espiritualidade do pluralismo religioso. Uma experiência espiritual emergente". In: ASETT (org.). *Pelos muitos caminhos de Deus:* desafios do pluralismo religioso à Teologia da Libertação. Goiás: Ed. Rede, 2003, pp. 120-134.

_____. "Muitos pobres, muitas religiões. A opção pelos pobres: lugar privilegiado para o diálogo entre as religiões". In: ASETT (org.). *Pluralismo e libertação:* por uma Teologia Latino-Americana Pluralista a partir da fé cristã. São Paulo: Loyola, 2005, pp. 17-31.

_____. "Macroecumenismo: Teologia Latino-Americana das Religiões". In: ASETT (org.). *Pluralismo e libertação:* por uma Teologia Latino-Americana Pluralista a partir da fé cristã. São Paulo: Loyola, 2005.

_____. "Cristologia da Libertação e pluralismo religioso". In: ASETT (org.). *Pluralismo e libertação:* por uma Teologia Latino-Americana Pluralista a partir da fé cristã. São Paulo: Loyola, 2005, pp. 161-170.

_____. "Por uma espiritualidade pluralista da libertação". In: ASETT (org.). *Teologia Latino-Americana Pluralista da Libertação*. São Paulo: Paulinas, 2006, pp. 219-238.

_____. "Identidade cristã e Teologia do Pluralismo Religioso". In: ASETT (org.). *Teologia Pluralista Libertadora Intercontinental*. São Paulo: Paulinas, 2008, pp. 137-160.

_____. "Epílogo – Teologia pluralista: os dados, as tarefas". In: ASETT (org.). *Teologia Pluralista Libertadora Intercontinental*. São Paulo: Paulinas, 2008, pp. 367-382.

_____. "O sedutor futuro da Teologia". In: ASETT (org.). *Por uma Teologia Planetária*. São Paulo: Paulinas, 2011, pp. 267-278.

_____. "Novos 'lugares teológicos' para a Teologia do Pluralismo Religioso". In: SOTER (org.). *Religiões e paz mundial*. São Paulo: Paulinas, 2010, pp. 187-200.

VISSER'T HOOFT, W.A. *Cristianismo e outras religiões*. Rio de Janeiro: Paz e Terra, 1968.

VV.AA. *Desafios ao universalismo cristão*. In: *Concilium*, 155. Petrópolis: Vozes, 1980/5.

YUN-KA, Jonathan Tan. "Das cristologias europeias clássico-universalistas às cristologias contextuais asiáticas". In: ASETT (org.). *Teologia Pluralista Libertadora Intercontinental*. São Paulo: Paulinas, 2008, pp. 221-234.

ZWETSCH, Roberto Ervino. "Perspectivas de diálogo entre fé indígena e fé cristã". In: *Estudos Teológicos*, 36(1), jan. 1996, pp. 45-60.